為主圖謀大事
散居中的神學教育

Attempt Great Things for God
Theological Education in Diaspora

謝挺

Chloe T. Sun

中文版權 © 賢理·璀雅

作者／謝挺（Chloe T. Sun）
英譯／賈思茗
審校／李家慧
中文校對／若凡

中文書名／為主圖謀大事：散居中的神學教育
英文書名／Attempt Great Things for God: Theological Education in Diaspora

All rights reserved. English Edition © Chloe T. Sun, 2020.
No Part of this book may be reproduced or transmitted in any form or by any means, electronic or mechanical, including photocopying, recording, or by any information storage or retrieval system, without permission in writing from the publishers. For information, address William B. Eerdmans Publishing Company of 4035 Park East Court SE, Grand Rapids, Michigan 49546, U.S.A. or address Latreia Press, Hudson House, 8 Albany Street, Edinburgh, Scotland, EH1 3QB.

本書部分經文引自《和合本》，版權屬香港聖經公會所有，蒙允准使用。

策劃／李詠祈
裝幀設計／冬青
出版／賢理·璀雅出版社
地址／英國蘇格蘭愛丁堡
網址／ https://latreiapress.org
電郵／ contact@latreiapress.org
中文繁體初版／2022 年 5 月

ISBN：978-1-913282-42-4

目 錄
contents

中文版序 001

引言　散居中的神學教育 003

第 1 章　在散居華人裡順服聖靈 013

第 2 章　在散居中抗衡主流敘事 053

第 3 章　在散居中重新定義多元 099

第 4 章　在散居中再思神學教育 133

結語　作為河口的神學院校 161

進深思考 163

中文版序

《為主圖謀大事：散居中的神學教育》以美國正道福音神學院為案例，見證神在普世華人神學教育中的工作。故事從一個神的僕人劉富理牧師開始，延伸到普世華人的神學教育。內容涉及神在美國興起的臺語福音運動、植堂、建立神學院，以及從台灣背景擴展到在散居處境中的華人神學教育，來看神的靈如何從一人到一個運動、再到建立教會和神學院來培育教會的牧者。此書不僅講述一個與主流神學院不同的敘事、不僅論及在散居處境中的多元文化，並且嘗試與主流神學院對話，展望一個更美好的神學教育。普世疫情更讓我們察覺神學教育的必要性和永恆性。願意此書成爲所有對神學教育有負擔者的呼聲和異象。

感恩賢理·璀雅（Latreia Press）接受英文原版的

Attempt Great Things for God: Theological Education in Diaspora，將之翻譯成中文。在這翻譯和校對的過程背後是每一位同工的專業、細膩、不厭其煩的手筆和查閱，一遍又一遍的尋求更適切的用詞使這中文版可以面世。例如，關於"counter"一詞在英文可以是中性的意思，沒有正面或貶義，譯者在選擇適當的中文用詞時考慮應該使用反擊、逆襲、面質、對抗或抗衡。而當中文譯本出現華人教會、中文教會、中文神學院、華語神學院等詞，譯者也考慮是否應該要統一？正如一個簡單的名稱"grandfather"應譯爲「爺爺」或「祖父」，就反映譯者、作者、讀者的文化和語言的區別。一句簡單的話如「從中國逃到台灣」還是譯爲「從中國遷移到台灣」，在意義上就非常不同了。此外，因此書的中文翻譯和校對匯聚了中港臺地區華語使用者，這和書中提到作者本人以及在散居中的神學教育中的「揉合」（hybridity）互相對應。活在散居的世代就是一個揉合的世代。

在此感謝英譯的買思茗、審校的李家慧、以及中文校對的若凡。若不是他們每一位精心和專業的付出，不會有此書。當然若有任何錯誤，都是作者的責任。願神使用這書在華人世界中發聲。

謝挺
美國正道福音神學院舊約教授
二零二二年五月於美國洛杉磯

引言　散居中的神學教育

在我們的時代，華人急速散佈各地。無數的族群，或移民、或遷居、或流離，離鄉背井，遠赴他方。這是一個全球化的時代，也是一個散居（diaspora）的時代。但對基督徒而言，更重要的是：這是一個傳揚福音的時刻。作為一個華人福音派基督徒女性，我曾於一所已獲「美加神學院校協會」（Association of Theological Schools, ATS）認證的華裔福音派神學院任教十七載——我的社會定位相當特別——一方面，相對北美悠久的神學教育歷史，我只是初來乍到，而且棲身西方主流敘事的邊緣。另一方面，「散居中的神學教育」方興未艾，而我也處於這股新浪潮的中心。

美國新移民人數與日俱增，非洲、亞洲、拉丁美洲的基督徒人數亦是如此。於是，蜂湧而來的學生形

成一股鋪天蓋地的新浪潮,席捲當代的神學教育。他們有些來自歷史上的少數族裔,也有來自各種散居群體的多元文化處境。在西方,基督教[1]大致呈衰落之勢,教堂關門大吉,許多神學院入學人數都每況愈下;反觀散居的華裔、韓裔、西班牙語裔群體,卻見堂會、信徒、神學院的數量都持續飆升。因此,我們可以合理預期,將來的神學教育本質上必定是全球化的,校內師生的文化背景將越趨多元,來自散居群體的學生將會更多,教學的模式也將更顯多樣,神學的實踐方式亦將越趨多元。我們知道(許多學者均指出),基督教的重心已由少數世界轉移至主體世界[2]。由於這個轉變,就主流敘事而言,我如今是入乎其內,又出乎其外。美加神學院校協會前執行董事歐緒洱(Daniel Aleshire)所稱的神學教育的「下一個將來」,敝校和我本人都有份參與和形塑。

北美神學院校當今和將來的格局,由三個敘事主導:(1) 道學碩士學位(Master of Divinity)正在衰落;(2) 奴隸制及其後續引申的張力,將種族定義為非黑

---

[1] 為行文方便,本書參照中文慣常用法,將 Christianity 統一譯作「基督教」,語意涵蓋各宗;將 Protestant Christianity 或 Protestant 譯作「基督新教」或「新教」,將 Roman Catholic 或 Catholic 譯作「羅馬天主教」或「天主教」,並將 Orthodox 譯作「東正教」。

[2] 少數世界(minority world),泛指歐美澳日韓等發達國家,又稱北方世界。主體世界(majority world)與之相對,指第三世界,又稱「南方世界」。

即白;(3)女性在事奉和領導時,均因被邊緣化而掙扎。雖然這些敘事各自都很重要,但即使三股合流,卻也仍未能反映故事的全貌。本書講述的,正是一個過去未曾提及的故事。它將由一個長受忽略的聲音向您娓娓道來,把這一嶄新敘事帶到中心,進而迫使主流和少數群體再思:究竟「時閾中的神學教育[3]」(theological education between the times)的意義和目的為何?就散居中的神學教育而言,本書亦提議另一個未來願景。本書以正道福音神學院(Logos Evangelical Seminary)[4]為個案研究,力陳這所院校——或許多其他院校——的情況並不完全與上述三大敘事相符,更是指出在神學教育的世界裡,實況遠超我們眼所能見。我們尋索未來時,不只要回望過去,亦須察看散居群體的現在,並明白這對我們在地球村裡開辦神學教育的方式有何影響。

為闡釋這個過去、現在和未來,我將首先分享自己參與神學教育的「揉雜故事」[5],然後再逐一介紹各章。

---

[3] 英文為 theological education between the times,語意與人類學的「閾限」(liminality)相近,故譯「時閾」。「閾」原指「門檻」,亦指人在儀式中,已脫離舊狀態,但又未進入下一階段的中間狀態。下同。
[4] 正道福音神學院(Logos Evangelical Seminary),將在第二章做詳細介紹。在文本中,將按需使用全稱「正道福音神學院」,或簡稱「正道」。
[5] 揉雜故事(hybrid narrative),應是援引後殖民主義(postcolonialism)大師霍米‧巴巴(Homi Bhabha)的同名理論,指本地文化在殖民過程中與外來文化激盪,蛻變或異化成為新的混合形態。

另外，我的寫作對象是對多元處境神學教育（theological education in a pluralistic context）感興趣者，尤其是在院校工作的人士；這些院校或是已有龐大而多元的學生群體，或是展望將會從散居群體中取錄更多學生。本書亦是為那些在院校工作，而其院校正準備針對某一種族或族裔（特別是華裔）開展課程的人士而寫。我的對象包括神學教育工作者、信託人、校董會成員、那些以經濟或禱告委身支持神學教育的人士，以及正在再思和構想北美神學教育之未來的執行者和策劃者。最後，我的對象也包括宣教學家和以宣教為念的神學教育工作者，他們投身於神在世界各地散居群體裡的工作，致力履行使萬民作門徒的大使命。

我剛才提及的我自己的*揉雜故事*是什麼呢？日菲混血出身的加拿大學者加藤圭（Julius-Kei Kato）將「揉雜」（Hybridity）定義為「裡面有很多『世界』的人。這些『世界』一直被視為迥然不同、毫不相干，但如今卻彼此相遇、混雜、交融，共同成為了揉雜人士的內在自我。」[6] 此言與我的經歷頗有共鳴。地理上、文化上，我曾於三個國家生活：中國、未回歸中國的香港和美國。我的身份認同是由這三地混合而成，但若單獨而言，沒有任何一地足以形容我的身份和歸屬。我生於中國北京，父母均為越南華僑。由於父母均非

---

[6] Julius-Kei Kato, *Religious Language and Asian American Hybridity* (New York: Palgrave Macmillan, 2016), preface.

生於中國，我一直都知道並感到自己異於學校的其他同學。當我父母與親戚相聚時，他們既說華語[7]、也說越南語。他們也會說粵語[8]和一點法語；生於後殖民時期的越南華僑大都如此。

十歲時，我隨父母移民到仍為英國殖民地的香港。這個經歷將我帶到更廣大的世界。當中，我需要適應一個深受英國殖民影響的文化，與我熟知的世界完全不同。當時香港的總督是一名白人，滿口英式英語；電視每晚都會播放英國國歌。這裡也不像中國，早上無須做早操，亦不睡午覺，卻會有下午茶。在香港生活，我要學習粵語和英文，才可融入其中。當我父母在經濟上掙扎求存，我則在努力適應文化。我並非一帆風順，頭幾年尤其不易，因為我被視為「大陸人」，比香港本地女孩次一等。於是，我往往顯得格格不入。這是我生平首次體驗：移民，原來是如此夾在多重世界的閾間。

---

[7] Mandarin，原為中國的北方官話，是中文的一大語音系統。中國大陸、香港及澳門稱之為「普通話」，意即以其為舉國語言之標準；台灣稱之為「國語」，意即「一國之語」。本書為保持政治中立，選取東南亞的通稱「華語」，意即「華人之語」。下同。本書第三章第二節亦有相關討論。
[8] Cantonese，通稱「廣東話」（Canton 即廣東舊稱），是中文的一大語音系統。準確而言，「廣東話」涵蓋全廣東的語音，包括諸如順德話、台山話等；但一般使用時，普遍指香港與澳門的主流語言，查其源於廣州，準確應稱「廣州話」。為行文方便，本書取其總稱，譯作「粵語」。下同。

我的第二次體驗是在中學畢業後，當我離港負笈洛杉磯，準備在號稱自由奔放、機遇無限之地留學時。作為一名國際學生，我本無打算在畢業後留美。但在大一的時候，我信了耶穌，並蒙召獻身。為了回應呼召，我必須入讀神學院，而最多神學院的地方就是美國。於是，我的神學教育之旅便告開始。我一直接受西方的高等教育，換言之，我深深浸淫在西方的教育方式裡──尤其是我當時還未正式研習的神學。我所師從的教授，也基本上是白人男性。我在神學院受訓十一年，只有一位教授是美籍亞裔女性、一位是美籍非裔。在我人生中，種族、族裔、文化一次次交匯，令我產生這種感覺：在更廣大的世界中，我是「永遠的外人」，有著揉雜的身份認同。

　　因著在我裡面的許多「世界」，我至今仍在掙扎：在北美主流神學的格局中，究竟這種身份認同──散居的身份認同──如何自處？有沒有一種教育模式是適切像我這樣的學生，能擁抱我們裡面的不同「世界」？我一邊活在由他者主導的文化裡，一邊尋找意義；但我知道，在這旅程中我並不孤單。有很多華人都是生在中國之外，例如生於歐洲、南美洲或澳洲；他們除了講華語之外，也講法語、德語、意大利語、西班牙語。此外，還有俄籍韓國人、智利籍華人、西班牙籍華人在我們中間，一同參與神學教育。「華人」作為一個族裔標籤，其實本身已是非常多元和揉雜，甚至令人

疑惑：究竟語言是使不同的世界趨於同一，抑或使之分隔？既然學生群體和更廣大的教會群體都是既獨特又普遍的，那麼，在思考和實踐神學教育時，究竟有沒有其他方式，可以同時尊重這兩種特質？在本書裡，我誠邀您參與我在這些問題上的掙扎。

我獲頒神學的哲學博士後，便開始在洛杉磯的正道福音神學院執教。有趣的是，我的三重文化背景（中國、未回歸中國的香港、美國）幾乎完全對應這學府的三重文化（中國、台灣、美國）。時至今日，我已在此任教十餘載。我的價值觀雖然也與台灣華人相似，例如傾向重視群體和傳統，但我也繼承了西方強調個體與開放的精神。我成長過程中的揉雜特質，因我在美國接受本科和研究所教育而更形複雜。然而，雖然是在此時此地，我仍感到自己夾在閾限之中。這種揉雜的身份認同，已成為我的常態。文化上，我對於自己曾經停留的地方都不能完全認同；因為我是這些地方和國家混合的成品——我正是散居華人的「產物」。當我在美國本地華僑移民的堂會[9]敬拜，其中往往會有三群不同的會眾，說著三種不同的語言；而讓我最感賓至如歸的，卻是當這些會眾在不同語言之間彼此交

---

[9] 華人語境裡，「教會」往往兼具「大公教會」和「地方堂會」之意。然而，基督的身體是跨越時空的唯一、神聖、使徒、大公之教會，所有地方堂會皆屬其中。因此，除了專有名稱之外，本書指涉有形的特定堂會時，統一譯作「堂會」；指涉更廣大的層面或無形的概念時，譯作「教會」。下同。

融時。出於這種錯綜複雜、揉雜、散居的視角，我執筆討論神學教育，並探討那些將會形塑神學教育之「下一個將來」的散居經驗。

傳統上，「散居」意指「分散」（scattered）和「撒種」（sowing）。同時，這個詞彙本身也將「家鄉」（home）和「海外」（abroad）並列。散居是一個現象，形容人們大規模地從一地流離（displacement）到另一地的情況。然而，對於一個活於並擁抱多重世界的人而言，「家鄉」和「海外」的概念卻變得像「散居」一樣模糊不定。在本書中，「散居」至少有三個意思：首先，是形容我的社會定位，許多世界在此交匯相融；其次，是形容我所服事的學府的社會定位；第三，是形容神學教育現今所處的時閾（"in-between" time）。在這個深受全球化和揉雜化影響的世界，北美的神學教育日益處於時閾的交界——是神學教育既有方式（即史密夫 [Ted Smith] 所稱的「M 模式」）[10] 與新興方式之間的閾限，是面授課程與網上教學之間的閾限，也是以白人為主的學生群體與在種族、族裔和文化上越趨多元的學生群體之間的閾限。當下，神學教育正處時閾，夾在過去與現在、現在與未來、此時與基督再來之間。所以我希望你在閱讀本書時會發現，在這個時閾裡，

---

[10] Ted A. Smith, "Model M and Its Afterlives," Currie Lecture, Austin Presbyterian Theological Seminary, January 31, 2017, https://austinseminarydigital.org/items/show/1159.

散居華人對神在萬民中的工作亦有堅持不斷的見證。同時，也正是在這個散居狀態裡，創新的構思由此萌芽，創意迸發無限可能，網絡連結四通八達。

本書所談及的神學教育，正值一個同時經歷神蹟奇事、教會植堂、散居群體不斷流離遷徙，並實踐大使命的時代。在此，我特別聚焦於由劉富理牧師（Felix Liu）帶領的一群台灣基督徒的故事；劉牧師開展了一場運動——「台福基督教會運動」（Evangelical Formosan Church movement, EFC）。這場運動燃起的星星之火，不但轉化了在西方的台灣基督教，其影響力更延及東方，而且繼續盈溢散居華人內外。本書亦就神學教育的範疇，談及神在散居華人當中的工作。我想，對這一神聖行動的體認，必將促使我們今後在如何教育來自多元族裔和文化背景的基督徒的探究中，產生更多新的資源與構思。

第一章將聚焦於散居華人當中的這名領袖——劉富理，正道福音神學院的創辦人和首任院長。這一章將談及神透過他的生命帶出的作為，並講述他如何順服聖靈的工作以回應大使命。藉著他，一場教會植堂和傳揚福音的宗教運動蒙神興起，並持續在全球擴張。

第二章將探討正道的故事。在談論神學教育時，某些故事往往主導了對話。本章將以正道的故事為反敘事（counternarrative），以回應主流敘事的故事。像正道這樣的院校，曾經遇見了若干挑戰，並將持續面

對之。對於這些挑戰，本章亦將加以說明。

　　從這一所神學院的視角出發，第三章將會作出神學反思——從語言、族裔和在神國裡的合一探討多元的真義。本章將指出，在神學教育裡，五旬節異象中的語言之多樣，正是表達神國之豐富多元的一途。

　　第四章將建基於前三章，提倡一個關於神學教育的嶄新敘事。本章將想像在面向北美一眾神學院時，正道福音神學院有何話說，並就如何延續這種對話作出建議。

　　在最後總結時，本書將綜合前幾章的要點。正如我們所見，在不同散居群體之中，均有願意實踐大使命、使萬民作門徒的人。在時闕中的神學教育裡，他們誠然居其位所，各盡其職。正道福音神學院的故事並不符合那些衰落的敘事。相反，這個故事述說了神在萬民中持續工作的新浪潮，述說了神在列邦中的大榮耀（詩九十六 3）。誠意邀請你與我一同踏上這旅程，一同發現神如何透過散居華人成就這一終極目的。

第1章
在散居華人裡順服聖靈

　　一個人單槍匹馬，如何形塑一個機構的方向和精神？從散居華人的視角，神學教育的意義和終極目的為何？何謂服事全球教會、參與大使命？教會植堂、宗派、與神學院，三者彼此有何關係，又如何促進神學教育？本章講述一個人的故事。他是一個神學院的創辦人，又啟發他人做更多的事，遠比他自己所成就的更多——誠然，為要成就神的國。他的生命榜樣和貢獻，形塑了一所神學院校；他對福音的熱誠，煥發學生的生命力；他的影響深遠異常，歷久不衰。這個故事，述說這個人順服聖靈，並在散居華人之中見證神的作為。這個故事亦對當前神學教育的情勢有重要的影響；而且，我認為，甚至或可作為指路明燈，照

亮一條新路，讓堂會和神學院可以攜手合作，迎向人口結構轉變帶來的挑戰。

劉富理（Felix Liu）是一位從台灣來的新移民。他來到美國，形塑了一個後來在全球植堂逾百間的宗派，又創辦了一所神學院，以裝備耶穌的門徒直赴地極。這所神學院後來成為美國第一所榮獲美加神學院校協會認證的亞裔神學院，並衍生了另外兩所神學院，分別在芝加哥和台灣。在此，我重述劉氏的故事。他掀起了一場名為「台福基督教會」（Evangelical Formosan Church，簡稱「台福」）的宗教運動，持續改變美國神學教育的格局，影響深遠，盈溢散居華人內外。

台福基督教會運動的故事反映了神透過一個人所作的工。這個人就是劉富理。時至今日，台福已有超過 140 間分堂，遍佈全球。第一間台福基督教會於 1970 年在洛杉磯成立，劉氏則於 1975 年成為其主任牧師。1989 年，他成為正道福音神學院的首任院長，直至 2014 年退任院長一職。劉氏被公認為推動著台福五十年來的發展，是台福的象徵、權威和原動力。要了解台福運動，就要了解劉富理。接下來，我將敘述他的故事；資料來自我對他的三次訪談，及我與其同工、朋友的一系列訪談。[1]

---

[1] 以下故事是基於 2017 年 8 月 30 日及 2018 年 3 月 7 日與劉富理牧師的訪談。學院檔案已發表於 Andrew Su, ed., *Logos, Marching Forward! Celebrating Logos' 20th Anniversary,*

劉富理的童年生活深深影響他，形塑了他對醫治事工和傳福音的熱誠。劉氏生來體弱，曾患肋膜炎，時常被媽媽帶去求診。對於他媽媽，劉氏最早的記憶之一，就是她帶著藥，抱著幼小多病的兒子，對他說：「我們禱告吧。」後來，這句話成為了媽媽遇到病痛時的招牌回應。劉氏身體虛弱，無法像健康的孩子一樣參與體育活動。藥物和禱告，成為了他成長經歷中的兩大元素。

另一個患病的經驗，也令劉富理印象深刻。小時候，他媽媽被一隻帶有病毒的蚊子叮咬，因而身患重病。最後，她被確診為瘧疾，性命垂危。瘧疾通常是由帶有瘧原蟲的蚊子引起。瘧原蟲在肝臟發育成熟後，便會令紅血球破裂。當越來越多紅血球受瘧原蟲感染，病人便會開始發燒、頭痛、腹瀉、嘔吐、肌肉疼痛。劉氏憶起這段回憶時，臉上流露驚訝，說明這個故事或會有出奇不意的轉機。他說，他媽媽在身患瘧疾時，做了一個異夢，看見了天堂。天堂是如此榮美，令她流連忘返。我們只能猜想，她必定是看見類似〈啟示錄〉所描述的景象——那裡有一座城，城牆是貴重物料所造，其根基以藍寶石、綠寶石、水蒼玉、紅璧璽等寶石修飾，其城門是燦然的珍珠，其街道是純金，好像

1989–2009 (Taipei, Taiwan: Grace Publishing House, 2009)。該書原為中文，即蘇文安編，《標竿正道：正道福音神學院雙十感恩與展望》（台北：天恩出版社，2009）。

透明的玻璃（啟二十一 16~21）。她必定還夢見了生命水的河、神的寶座和生命樹（啟二十二 1~2）。劉氏說，她原想永遠留在那裡，不再回到地上。

就在那時，她夢見耶穌來到她面前，溫和地說：「妳回到地上吧，因為妳的時候還沒有到。」然而，她深深震撼於天堂的榮美和神聖臨在的舒適，於是乞求耶穌准她留在天堂。在夢裡，她情急懇切地嚎啕大哭，又乞求耶穌說：「不，我不想離開。我想留在這裡。求祢讓我留下來，求求祢！」她再三不住大聲懇求，以至她忽然驚醒了。她這才發現，原來是一場夢。但她驚訝地發現，瘧疾已經離她而去，她已經痊癒了。在她醒來的瞬間，便得了醫治。

她是否真的做了異夢、看見天堂，我們無從考據。不過，對她而言，這是真的。最重要的是，她的醫治也是真的。劉富理告訴我，這是他第一次遇見即時的醫治。原來神能夠在此時此地對一個普通人行這樣的事。這事在他幼小的心靈和頭腦中，埋下了一粒種子。媽媽的見證在劉氏的生命裡留下了一個不可磨滅的印記，也鋪墊了他後來的醫治事工。

另外，劉富理對傳福音的熱誠，始於他本人的歸信經歷。他生於台灣一個牧師家庭，家裡共有六個兄弟姊妹，他是次子。他的祖父是一位長老，奉獻了長子為傳道人，即劉富理的爸爸。後來，劉富理的爸爸也奉獻自己的長子劉富敬為傳道人。時至今日，劉氏家族仍然傾

向延續這個神聖的傳統。由於劉富理的長兄是「被揀選的人」，劉富理便打算賺錢支持哥哥。他也曾想過自己成為牧師，但他也察覺到這必須蒙神清晰呼召。[2]

　　劉富理雖然生於傳道人家庭，卻在大學四年級才親自與神會遇。那時，班裡一位助教違紀優待了他。[3] 劉氏心中有愧，於是一直深感歉疚。後來，在學前靈修會中，講員劉宋淑嫻傳道強調神所喜悅的是內裡誠實（詩五十一6），那段時間他一直自省認罪。這時他因一節經文而深感震撼。這節經文是〈希伯來書〉十二章1節：「我們既有這許多的見證人，如同雲彩圍著我們，就當放下各樣的重擔，脫去容易纏累我們的罪，存心忍耐，奔那擺在我們前頭的路程。」

　　透過這節經文，劉富理經歷到神赦免他個人的罪。因為經歷赦罪的喜樂，使劉氏思考自己將來的方向，要做一個土木工程師，還是做神的僕人，傳罪得赦免、喜樂的福音？在等候中，他聽到神向他說話，這次是〈彼得後書〉一章10節：「所以弟兄們，應當更加殷勤，使你們所蒙的恩召和揀選堅定不移。你們若行這幾樣，就永不失腳。」

　　藉著這段經文，劉富理清楚神呼召他作全時間的福音工人。回想那刻，劉氏表示，「從那時起直到現在，

---

[2] 關於劉富理牧師的生平，亦可參劉孟儒：〈劉富理：夫唱婦隨 為神謀事〉，載於《美洲台灣日報》（2015年1月），https://www.taiwandaily.net/劉富理-夫唱婦隨為神謀事/。下同。

[3] 應為劉氏在考卷中忘記寫名，助教認出其筆跡，並提示他有一條答錯，讓他更改。出處同上。

一路走來的起起落落，都是這節經文帶我走過。每當我面對阻礙或困難，我總是回到這節經文。」劉氏如此便蒙召獻身，一生做神的僕人。劉氏甘心樂意全然順服聖靈的經歷有許多，這個蒙召的經歷只是其中之一。

既然蒙召，劉富理在大學畢業、服完兵役後，就報讀了台灣南部的台南神學院。1967年畢業後，他便於台灣中壢的中原大學擔任助理校牧，服事這裡的大學生，直到1968年。他認為「接觸學生最有效的方式就是成為他們的教授」；所以，在1968至1970年間，他在曼谷亞洲理工學院攻讀了結構力學工程碩士，畢業後開始在東海大學擔任校牧。將近四十年後，他在2006年榮獲中原大學傑出校友，以表彰他對廣大華人基督徒群體的貢獻和影響。

由1970年至1974年，劉富理在台中的東海大學事奉。在此，他萌生了向學生個人佈道的熱誠。他在任內見證了許多學生的歸信，其中包括正道福音神學院第二任院長林國亮博士（Dr. Kuo Liang Lin），及現任台灣正道福音神學院院長（LOGOS Evangelical Seminary in Taiwan，按需或稱「台灣正道」）陳敏欽博士。

在1974年，劉富理到美國的富勒神學院（Fuller Theological Seminary，簡稱「富勒」）世界宣教學院[4]

---

[4] 「世界宣教學院」（The School of World Mission）後來易名為「跨文化研究學院」（School of Intercultural Studies），後來又再重組，現在由同一位教務長兼領該學院和神學學院（School of Theology）。

攻讀神學碩士，專研宣教學，並希望畢業後回台服事。不過，台福的同工很快便接觸到他，想請他帶領洛杉磯台語福音教會（Evangelical Formosan Church of Los Angeles，簡稱「洛福」）。回想此事，劉氏說：「我禱告了很久，不知應否接受那堂會的牧職。我原本打算學成後就回台灣，但又想起保羅的馬其頓呼聲。我心想：『我既然專研宣教學和堂會增長，實踐所學的也很重要。』因此，我便接受了這個邀請。起初，我以為他們想我牧養青少年，怎料他們竟是想我當主任牧師！」順服聖靈的結果，令劉富理始料不及。

台福基督教會的誕生

劉富理要去服事的堂會——洛杉磯台福基督教會——是台福第一間堂會。[5] 這堂會的故事始於1965年的秋天。當時，在洛杉磯有幾位來自台灣的基督徒新移民，加入了蔡信彰牧師（Rev. George Chua）的家庭教會（home church）。[6] 蔡氏一家時常煮一些道地的

---

[5] 由此處開始直至本章結束，我參考了佚名編輯出版的《台福基督教會四十週年紀念特刊》（洛杉磯：台福基督教會總會，2010），23-24；也援引了2017年4月26日與劉富理牧師的訪談。

[6] 此「家庭教會」（home church）並非如同中國大陸的家庭教會，僅只在美國一些華人基督徒從家庭開始組建教會的前身。

中國菜和台灣菜，很多台灣人都深受吸引。很快，蔡氏一家就聯同一些說粵語的基督徒，組成了一個基督徒團契，並於 1966 年 5 月按加州法律註冊為「羅省基督教會」(First Evangelical Church)。在 1967 年，他們購下了主日崇拜的堂址。同年 10 月，蔡牧師離開加州前往菲律賓後，羅文牧師 (Rev. Eddie Lo) 繼任為該堂的牧師。當時，教會主要以英文聚會，但隔週將崇拜翻譯為台語及華語。因為堂會有好些台灣基督徒的父母來到南加州，與子女團聚。然而，由於他們習慣在家中說台語，所以主日早上若以英語或華語敬拜，便格格不入。因此，自 1970 年夏天起，六位執事便起意想建立一間說台語的堂會。他們相信，用母語敬拜神比較親切，能帶領鄉親歸信。而後，他們的提議很快便獲得董事會、其他執事和羅文牧師的接納。

雖然當時南加州已經有一間台灣長老教會，[7] 但他們決定「獨立」，自行植堂。在 1970 年 10 月 11 日，大約 40 位說台語的基督徒就離開羅省基督教會，自組一間講台語的堂會，即「台語福音教會」(Evangelical Formosan Church, EFC)。[8] 以「福」(evangelical) 命名，是因為他們深信堂會必須以福音為本；而以「台」(Formosa) 命名，則反映一段尤為複雜的歷史。由

---

[7] 應指「南加州台灣人長老教會聯合會」(Taiwanese Presbyterian Conference) 一脈。

[8] 後改名為「台福基督教會」。

1948年開始，一場漫長的內戰令中國大陸生靈塗炭；過程中，超過二百萬難民由中國大陸遷移到台灣。[9] 歷史上，台灣島曾被葡萄牙、荷蘭、日本等不同國家統治。在1517年，葡萄牙人將此島命名為「福爾摩沙」(Ilha Formosa)，意即「美麗島」。自始，「福爾摩沙」便成為台灣的代名詞，並沿用至今。因此，「台福基督教會」一詞便將該堂清楚列為一間台灣人的堂會，而非中國人的。對於數百年來扎根台灣的人而言，「中國人」是指那些在1940年代隨蔣介石的國民黨政權離開中國大陸，遷移到台灣的人。這堂會形容自己是「福爾摩沙的」而非「中國的」，亦即將自己連於該島的悠長歷史。但這身份認同仍然相當複雜。許多台灣人都說華語，但仍以台語為他們心之所繫。

洛福的創會成員沒有期盼他們在台的支持者及在美的公會作出經濟援助，而是竭盡努力讓堂會自給自足。他們也由堂會每月的奉獻所得中，將十份之一撥歸宣教基金，又將四份一撥歸建堂基金。如此，他們努力植堂，最後不但誕生了台語福音教會一堂，更衍生了一個台福運動，綿延至今。

1975年，這個群體邀請劉富理來成為他們的主任牧師。劉氏開展細胞小組計劃，訓練會友去作個人佈道，又鼓勵他們每日讀經。堂會的出席人數和會友人

---

[9] Iris Chang, *The Chinese in America: A Narrative History* (New York: Penguin Books, 2003), 283.

數都迅速增長。及至 1977 年尾，他們便搬遷至新購的高地公園（Highland Park）的堂址，那裡可容納 400 人。然而，劉氏的異象還不止於此，他冀望的堂會至少有一千會友。為此，劉氏開始以植堂的方式使堂會增長。這也成為了劉氏參與大使命、使萬民作門徒的方式。

在 1979 年，台福差派了十個家庭，要在洛杉磯盆地的東部植堂，並冠名為「東安教會」（EFC East Valley）。[10] 1980 年，又在南部的托倫斯市（Torrance）植堂，亦即後來的「南灣教會」（EFC South Bay）。1982 年，再於西北部植堂，即後來的「聖谷教會」（EFC San Fernando Valley）。同年，台福運動再植新堂，即「柑縣教會」（EFC Orange County），並另外開拓五個堂會。如此迅速的植堂運動，旋即使台福自建為一宗派。

台福宗派的誕生

在神學教育中，宗派究竟有何角色？在西方，隨著越來越多神學生自行負擔學費，宗派的定位和意義已越趨模糊。然而，在台福，宗派除了資助植堂之外，

---

[10] 該堂會在初植時，曾暫命為「東區小組」，後來才易名為「東安教會」。「東安」的英文為 East Valley，即洛杉磯的東谷。見台福傳播中心刊於台美史料中心（Taiwanese American Archives）的〈洛杉磯台福基督教會〉篇，http://taiwaneseamericanhistory.org/blog/ourjourneys257/。

也為那些在台福眾堂會事奉的神學生提供獎學金。在1982年，台福新植的五間堂會決定保持聯合，以互相鼓勵和支持——尤其是在支持神學生的時候，也全力合作。於是，他們舉辦了一個聯合崇拜，以慶祝「台語福音教會總會」（EFC General Assembly，簡稱「台福總會」）的成立。這也標誌著台福正式成為一個宗派。台福總會制定了全國通用的章程，又為各地堂會修訂了法規。籌辦者還組成了董事會（board of directors）、總委會（executive board）和傳教師會（ministers' association）。這便是一個宗派的誕生。但台福這一宗派有一個特別之處：它並非植根台灣，而是植根美國，其總部亦一直設在美國。如是者，它是北美宗教歷史的一部份——美國的基督教並不只關乎主流的白人和黑人，也包括散居的台灣人和華人。

除了接觸台灣新移民，這五間台福堂會也針對在美國出生的第二代台灣人，發展英語事工。另外，這些堂會亦將事工延展至南加州以外的台語群體。例如，在1984年，明尼蘇達州聖保羅市一間弱小的台灣堂會加盟台福，並在台福教牧的協助下穩定成長。1985年，丹佛市一個研經小組和聖安東尼奧市的一個台灣群體也加盟了台福，而洛福則差派住在加州阿卡迪亞市（Arcadia）的會友去組成「聖安教會」（EFC Arcadia）。另外，台福又為侯斯頓市（Houston）的一個福音團契提供支持，後來發展成「美南教會」（EFC Houston）。這樣一來，

台福在美國的植堂數量便增至十間。[11]

劉富理和他帶領的眾同工一直是這一切的原動力。1986年，劉氏在參與「世界華人福音事工聯絡中心」（CCCOWE，華福）[12] 於台灣舉辦的第三屆華人福音會議時，領受了一個新異象：「為主圖謀大事，搶救百萬靈魂」。這兩句話相傳出自英格蘭傳教士威廉·克理（William Carey）的格言：「期待神行大事，為神圖謀大事」。[13]

有一天，劉氏在報紙上讀到，台灣有數以百計的年輕人參與賽車活動，經常鬧出人命。這些年輕人常常感到迷失，找不到人生意義。雖然許多人都不愁衣食，但卻在精神和靈性上常感空虛。於是，賽車就成了他們表達自身困擾和希望的方式。可惜，這些活動往往並不帶來希望，而是帶來傷殘和死亡。而且，這些死亡事故之多，多到當地的報紙幾乎每天都是這些新聞。劉氏讀到這些新聞時，看到事情背後其實有更

---

[11] 除加州的阿卡迪亞市（Arcadia）之外，上述各城市均為美國當州的州府或大城市：聖保羅市（Saint Paul）是明州（Minnesota）州府，丹佛市（Denver）是科州（Colorado）州府；聖安東尼奧市（San Antonio）和侯斯頓市（Houston）分別是德州（Texas）的第二和第一大城市。

[12] 「世界華人福音事工聯絡中心」於1976年成立，其宗旨為聯合各華人教會，傳揚福音，直到主再來。其網站為 http://www.cccowe.org/。

[13] 此句引用於 *Baptist Herald and Friend of Africa* (October 1842) 和 "The Missionary Herald," *Baptist Magazine* 35 (January 1843): 41。

深的屬靈向度。從這些年輕人的死亡，他聯想到台灣兩千萬的靈魂飆向永遠的死亡。這豈不是教會應當關注的嗎！？當時台灣的基督徒只佔人口的 2.7%，絕大部份台灣人甚至還從未聽聞福音，將會永遠失喪。於是，他就矢志搶救百萬靈魂。

受這異象的啟迪，他以「為主圖謀大事，搶救百萬靈魂」作為在洛杉磯的台福總會的使命宣言，並馬上著手開辦事工。在那次宣教大會後，劉富理和各堂會的同工打開美國地圖，選了十個植堂目標地點，要在 1990 年之前在北美植堂二十處。這時候，有一位精明的同工提問：「我們選的十個地點，都是我們認為可以成功植堂的地點，如此一來，信心在哪裡？」面對這個提問，大家同心決定再多植五堂。他們稱這異象為「9025」宣教植堂異象，期盼在 1990 年之前有廿五間台福堂會。若干年後，當劉氏回想那一刻，依然感到不可思議：「短短四年之間，十間堂會怎能變成廿五間？！不過，那時我學到一件事：當同工既有異象又同心，聖靈就會親自作工。結果，台福開始倍增。」對劉氏和眾同工而言，9025 宣教植堂異象成功達標，是一場經歷和順服聖靈的信心之旅。

1989 年，劉富理和他的團隊在哥斯達黎加墾植了第廿二間台福堂會。然後，劉氏開始了一趟紐澳宣教之旅，往澳洲的墨爾本和雪梨，還有紐西蘭的奧克蘭。紐澳之旅中，大約三十人因劉氏的服事而決志信主。

當地有很多台灣新移民,都對福音很開放。這趟果實纍纍的旅程之後,他們同年就在墨爾本墾植了第廿三間堂會,次年又先後在奧克蘭和雪梨墾植了第廿四間及第廿五間堂會。在1990年尾,台福已經在大洛杉磯地區植有11間堂會,另有10間在美國各處,1間在哥斯達黎加,2間在澳洲,還有1間在紐西蘭。由其創會至此,短短二十年內,台福已在四個不同的國家墾植了三十間堂會。這全是因為聖靈的工作,和眾同工對聖靈的順服。台福的故事所展現的,是神藉著一個人被聖靈感動所帶動的工作。劉富理的最大人生目標,就是為神圖謀大事、為基督搶救百萬靈魂。藉著劉氏和他同工的努力,福音在散居華人中得以傳揚。

每當被問及「你認為你最大的成就是甚麼?」劉富理總是謙卑地回答:「那是聖靈的工作。」然後,他會回憶到:「當一個人有了一個異象,而其他人也因同感一靈而分享了這異象,他們就會在聖靈的引導下,一同實現這個異象。」他也會引用〈使徒行傳〉四章29~30節,作為他對聖靈在事工中之角色的神學基礎。他會提醒那些提問者,當彼得和約翰從監獄裡得釋放時,他們繼續進行事工,並禱告耶穌說:「他們恐嚇我們,現在求主鑒察,一面叫你僕人大放膽量講你的道,一面伸出你的手來醫治疾病,並且使神蹟奇事因著你聖僕耶穌的名行出來。」

然後他總會說:「神的話語和聖靈的工作攜手合作,

完成了神的工作。」當彼得和約翰宣講神的話，他們也同時施行醫治、神蹟和奇事。神的話語與神的靈一起工作，神的作為就彰顯。順著這條思路，他也引用〈創世記〉一章2~3節：「地是空虛混沌，淵面黑暗；神的靈運行在水面上。神說：『要有光』，就有了光。」在劉富理看來，創一2~3揭示了在神的創造過程中，神的話語和神的靈是怎樣配搭的。當神創造光，祂用祂的話語說「要有光」，但神的靈也有所行動，在水面上運行。劉氏藉這兩段經文表達了他的信念：要實現神在世界的旨意，神的話語和神的靈缺一不可。

劉富理告訴我說，當他願意讓自己成為聖靈的器皿時，神蹟就發生。這些神蹟尤其彰顯在信徒的身體怎樣得醫治，有時是透過禱告，有時是透過特定的環境和藥物。他也提及在他成年後，也經歷過身體的醫治。他的親人——包括他的長女、他岳母，及他內兄都曾經歷過身體的醫治。藉著這一切身體醫治的經歷，劉氏感到他是直接見證了聖靈的工作，深感必須參與醫治的事工。

劉富理事奉神學的形塑過程

劉富理教導的核心，在於靈命塑造及其相關課程，即全人醫治和個人佈道。自正道福音神學院創辦之日

起,他的招牌課程就一直在於這兩大範疇。對劉氏而言,全人醫治必定包括靈性、情緒和身體的復原。正如他的哲學博士論文題目所指(「從聖經的研究及實際牧會看饒恕及基督教全人醫治的關係」),對劉氏而言,全人醫治總是植根於靈命。該論文在 2000 年 5 月榮獲富勒神學院世界宣教學院的神學獎。[14]

對劉富理而言,饒恕帶來醫治。醫治是一個結果,是因人與神的關係得以恢復——即「沙龍」(平安)狀態。在劉氏的醫治與恢復神學裡,一個人要經歷四個階段:(1)人與神、人與他人、人與自己都有和諧的關係。這是理想狀態。(2)人遇到罪、疾病和生命中的患難。這是人類的不完全狀態。在這種狀態中,(3)人需要向神呼求,並讓祂成為生命的主,尤其當人陷在罪的綑綁中。(4)在呼求神的時候,人需要處理「內在的垃圾」,亦即罪和情緒問題。但人可以坦然承認,並領受神的饒恕。如此一來,饒恕和醫治之間的關係就是:

---

[14] Felix Fu-Li Liu, "The Relationship between Forgiveness and Christian Wholistic Healing in Biblical Study and Pastoral Ministry," (Ph. D. diss., Pasadena, CA: Fuller Theological Seminary, 2000). 富勒該論文並未以英文出版,但已有中文譯本,請見劉富理著,王仁芬(Dora Chien)譯,《主啊!我要痊癒:從聖經的研究及實際牧會看饒恕及基督教全人醫治的關係》(香港:天道書樓,2011);此書的副標題即原論文的主標題。另外,在其論文原版,劉氏選用了「wholistic」而非「holistic」。為清楚起見,在本章談及這篇論文時,將統一使用「holistic」。下文引用原論文時,都會將相關頁碼以括號標注。

要使一個被罪隔絕轄制的人得以恢復，重新與祂和他人契合，回到理想的沙龍狀態（頁 58~60）。

既然耶穌基督的主權是會將一個人的生命撥亂反正，劉富理於是認為，人必須將一切祂不喜悅的事物除去。人應該禱告，求聖靈向自己顯明自己所有的罪，然後悔改，以致神的醫治和饒恕能涔涔流淌。此外，劉氏還提醒我們，饒恕不只是個人與神之間的事，更需延及他人。人必須同時既蒙神饒恕，又饒恕他人，才能領受完全的醫治，或劉氏所稱的「全人醫治」（頁 70）。

在 1984 年，劉富理在富勒神學院修讀了溫約翰（John Wimber）的「神蹟與奇事」（signs and wonders）。這一課程進一步推動了劉氏參與醫治事工，並形塑了他的事奉理念，尤其是在醫治事工的領域。劉氏又參加了溫約翰在安納罕市（Anaheim）葡萄園教會（Vineyard Church）的特會，並在此見證了許多瞬間得醫治的事件。葡萄園教會的崇拜有三大元素：敬拜、信息、服事。通常，醫治都是在服事時段裡發生。劉氏很快便意識到，溫約翰服事那些前來領受神蹟醫治的人時，正是在與聖靈同工。他於是也開始仿傚。

劉富理發展出一套基督教全人醫治的方法，包括了為心靈重整的基本禱告，和為特殊需要的禱告。他表示，「為心靈重整的基本禱告，其主要目的就是恢復人與神、與自己、與別人之間的和諧關係。」他所稱的「為心靈重整的基本禱告」有其次序，內有五點（頁 140~46）。

首先，人必須歡迎聖靈。劉富理引述聖經，解釋到，

> 「況且，我們的軟弱有聖靈幫助；我們本不曉得當怎樣禱告，只是聖靈親自用說不出來的歎息替我們禱告。鑒察人心的，曉得聖靈的意思，因為聖靈照著神的旨意替聖徒祈求。」（羅八26~27）。神差了聖靈（約十四16~26）來幫助我們辨別神的旨意和神的方式，好讓我們可以跟從祂的心意和祂的方式來為人禱告。我們都知道，若非有聖靈的工作，沒有人能承認耶穌是主（參林前十二3）。若不是有聖靈的工作，沒有人能知道神，也不能知道神的工作。所以，全人醫治之禱告的第一步，就是要敞開自己，歡迎聖靈。

第二，人必須確認神的話語。「神的道是活潑的，是有功效的，比一切兩刃的劍更快，甚至魂與靈，骨節與骨髓，都能刺入、剖開，連心中的思念和主意都能辨明。並且被造的沒有一樣在他面前不顯然的；原來萬物在那與我們有關係的主眼前，都是赤露敞開的。」（來四12~13）。〈希伯來書〉的作者所指的，正是確認神的話語。當人信靠神的話語，祂的工作就會彰顯在他們生命中。

第三，人必須接受父和子的愛。劉富理表示：「神

的愛是整個全人醫治過程的基礎。」人在進入醫治禱告中，求神來觸摸人的生命之前，人必須知道神之所是——神就是愛。既然神已差派祂的兒子耶穌基督來為人類而死，以此顯明祂的愛，我們需要做的，就是敞開我們的心，接受這份 *agapē* 的愛。愛讓我們能站立，面對我們裡面的一切問題。愛也給予我們力量，得以醫治。

第四，人必須接受耶穌基督為唯一的救主和生命的主。劉富理表示，我們必須毫無保留地全然委身於神，好讓神藉祂聖靈的愛能自由地在我們裡面運行。我們不只要接受祂為那位從我們的罪裡拯救我們的救主，亦須將自己全然獻上給神。我們不但要以祂為救主，還須以祂為我們日常生活的主，即願意讓祂在我們生命的每一方面都掌權。當神的愛來到我們心中之後，我們應該甘心樂意地讓祂成為我們生命的主。

第五，人可以向神表達自己的憤怒和失望。神與人之間的障礙就是罪。因此，人必須承認自己的罪，並為此悔改，好讓神的饒恕能臨到，讓障礙能消除。饒恕涉及人與神的關係，人與其他人的關係，及每個人與自己的關係。

在他的教導、講道和牧養中，劉富理都與他的跟從者一同實踐這五個步驟的禱告，也見證了許多人的生命得著改變，包括得著醫治。劉氏信念的核心，是人需要培養出與神之間活潑親密的關係。對劉氏而言，沒有比這更關鍵的。劉氏時常告訴學生，學習神學，

或希伯來文和希臘文，都是好的，但若缺少了與神之間的親密相交，就都算不得甚麼。他自己也身體力行，每日遵守屬靈操練，禱告、默想神的話語。劉氏承認，「在台灣／中華文化裡，有時候人們的確難以談論自己的困難［或為此禱告］」（頁165）。因此，他提出人可以從三個層次去操練禱告：（1）在私人空間裡，私禱反思自己內心的狀況；（2）如果在私禱後，仍有問題未能解決，就找人引領禱告；（3）如果問題還未解決，就找有經驗輔助者引領禱告（頁166）。劉氏引用〈雅各書〉五章14~16節，作為這種三層禱告的聖經根據。

從薛曙生（Jonathan Siah）與劉富理的訪談可見，劉氏顯然自己也實踐這種活潑的禱告生活。薛曙生與劉氏相識超過五十年，劉氏起初是他大學的輔導，後來又在正道成了劉氏的學生。薛曙生說：「劉牧師無論走到哪裡，哪裡就有了一團火球。雖然劉氏的性情、外表、儀態都不像火，但他本人就是一團火。這就是他。」薛曙生提及劉氏個性的三個方面，以此總結自己對他的印象：（1）他和神關係親密；（2）他有醫治、禱告、佈道的恩賜；（3）他有信心，有信念。薛曙生認為，劉氏與眾不同的地方，在於他是「統整為一的」：他的生命，他的神學，他的屬靈恩賜，全都相互一致、整合為一。這是他靈命塑造的一大標誌。薛曙生深受劉氏的靈命塑造課程影響，自始在自己的堂會和全球的各種事工裡都講授靈命塑造，而且果效纍纍。正道

的校董張簡吉誠（Scott Changchien）也深有同感：「他不是那種烈火般的、靈恩豐沛的佈道家。我覺得[他是]一位『火熱的長老宗人』」。劉氏的另一位同工陳愛光（Ekron Chen）說：「他最令我嘆為觀止的，就是他靈裡的『清潔』。在他的牧職生涯中，他或見證、或親身經歷了許多災難式的危機。對於事工的陰暗面和人性的罪惡，他絕非無知。不過，黑暗似乎未能觸及他。不知怎地，他仍維持著一種純真——對神有著孩子般的信心。」或許，也正是這種孩子般的信心，有時候會令他的同工很困擾。例如有人表示，在作決定時，劉氏關心屬靈的辨識，遠多於理智的分析。

在反映劉富理靈性整合的芸芸見證裡，正道福音神學院第二任院長林國亮博士的見證尤為突出。林氏曾就讀台灣的東海大學，時值劉氏在此擔任校牧，並帶他信了基督。作為劉氏的舊生、後來的同事，他寫道，「劉牧師作正道[福音]神學院院長時，雖然忙於諸多行政事務，但還是委身教導三個課程：個人佈道、靈命塑造、全人醫治。我發現這三個課程是密切相關的。劉氏的生命和服事，也反映了這三個相關的領域。」[15] 幾十年來，薛曙生、張簡吉誠、陳愛光和林國亮都是劉富理的直接見證人，而他們的評價也都是一致的。某程度上，劉氏就像是「台灣的葛培理」，矢志盡力搶救靈魂，並身體力行。他滿有膽量又慷慨激昂地痛

---

[15] 劉富理，《主啊！我要痊癒》，21。

斥人類的罪惡和黑暗,並宣認耶穌是萬物的主。只是,葛培理是召開佈道會,向大批群眾傳講福音;劉氏則是透過在各堂會的培靈會及全人醫治特會去牧養信徒,也接觸未得之民,領他們歸主。劉氏也親自服事過無數人,帶他們到神面前。葛培理通常是在一個文化特徵鮮明的講台,劉氏則通常是「靜悄悄地」在散居華人當中服事。他不聞於英語世界,卻在神眼中活躍無比。

劉富理服事的主要對象是北美的台灣人和華人,以及台灣和華人的散居群體。雖然他在世界各地的醫治事工都很成功,但他也承認,「有時,人在禱告後仍未得醫治,往往是因為饒恕的問題;有時則是神的主權與旨意和基督徒的苦難和試煉;有時也有一些心理和精神上的問題,以及代代相傳的捆綁。關於全人醫治,還有許多其他問題需要我們去研究」(頁227)。有些人或會質疑劉氏的釋經方法,但這無損一個事實:透過熱切的禱告和全人醫治的過程,劉氏對於恢復的事工做出了巨大的貢獻。

在劉富理的事工裡,聖靈的工作不只彰顯在個人的醫治上,也彰顯在教會的增長上。短短五十年間,當初的台福運動已經令人刮目相看,由南加州的一間堂會,搖身一變,自成一個宗派,而且擴展遍及全球。及至2000年,台福已拓植51間堂會;而及至2010年,全球台福堂會數量更已達84間。[16] 該宗派的異象,是

---

[16] 引述自鄭恩仁(En Jen Cheng),《台福基督教會四十週年紀念特刊》,39。

要在 2020 年內，在全球植堂達至 200 間。劉氏和同工將這異象命名為「台福禧年 2020」。台福原打算於 2020 年在台灣舉辦五十周年慶典；屆時，世界各地的台福代表將會雲集台灣，慶祝這個歷史時刻，見證神這五十年來在散居華人內外的工作。[17] 在《聖經》中，「禧年」是指一個為時五十年的週期；在週期之末，所有土地都要歸於原主，無須任何補償，因為土地是屬耶和華的（利二十五 10~17）。就此，台福總會前議長郭宗杰長老（Jay Kuo）說，「禧年是始於贖罪日響亮的角聲（利二十五 9）。當台福在 2020 年慶祝禧年時，我們希望也將會是一個與神和好的大日子，讓神的子民回轉向神。」[18] 無獨有偶，本書（英文版）也在 2020 年出版，適逢台福禧年慶典之時——我傾向視之為神的護佑，而非僅是巧合。

劉氏在一次訪談中提到，一場運動若想持久，必須有一個關鍵人物長期堅守。他認為，當年他作洛杉磯台福的主任牧師時，若在第一、二或第三個任期後離職，台福運動就不會像現在這樣持久和興旺。就事工和領導的課題而言，這是一個深刻的洞見。在散居的台灣和中國基督徒當中，聖靈如何工作？從台福的故事便已顯明。

---

[17] 英文原書於 2019 年出版，使用將來式，「台福打算將在 2020 年」。
[18] 郭宗杰（Jay Kuo）, "Vision of EFC 2020 Jubilee," 載於《台福基督教會四十週年紀念特刊》，12。

自始至終，劉富理的事工都圍繞兩條軌跡：醫治事工和個人佈道，而這兩條軌跡又都紮根於靈命塑造。因為對劉氏而言，一個人的屬靈狀況就決定了其生命的其他方面。在他看來，與神的個人關係，是基督徒生命中最重要的，遠超其特殊知識、恩賜、或服事。因此，當一些人基於劉氏的醫治事工，認為他過於參與靈恩運動時，劉氏就回應指，自己的事工只是基於神的話語和聖靈。他引述耶穌醫治瞎子的故事為例：

「他們來到伯賽大，有人帶一個瞎子來，求耶穌摸他。耶穌拉著瞎子的手，領他到村外，就吐唾沫在他眼睛上，按手在他身上，問他說：「你看見甚麼了？」他就抬頭一看，說：「我看見人了；他們好像樹木，並且行走。」隨後又按手在他眼睛上，他定睛一看，就復了原，樣樣都看得清楚了。」（可八 22~25）

　　劉富理認為自己的角色就如同將瞎子帶到耶穌面前的那人，作為一個「器皿」，靠著聖靈把人帶到主的面前，求主觸摸醫治。他拒絕被歸為施行神跡奇事的人，只認為自己是與聖靈合作。從劉氏醫治事工的成效看，他是有醫治恩賜的。然而，當我問他，「你覺得自己有醫治的恩賜嗎？」他回答說，「不，我沒有。我只是禱告。」

　　誠然，劉富理的確是一個禱告的人。每當學生們提起劉氏，腦海都會浮現他合十禱告或跪下禱告的畫面。無獨有偶，正道福音神學院校園的禱告園裡，正

有一座禱告之手的雕塑。這雙手不是別人的，正是劉富理的雙手。

然而，針無兩頭利，劉富理也是血肉之軀，當然也有他的局限。劉氏傾向凡事都從屬靈的視角看，有些人就覺得過於簡化。亦有些人說，雖然他很能籌款，但行政方面卻不太了得。他的太太是他背後最有力的支持者，雖然有時期盼丈夫能多些時間留在家中，但看到聖靈的工作，就仍然支持他出外服事，在背後帶領眾女兒為他禱告。神賜給劉氏夫妻有四個女兒、四個女婿，外孫成群。時至今日，劉氏的女兒和女婿全都積極參與服事——劉氏賢伉儷的屬靈力量和感染力，可見一斑。

劉富理的故事，顯明神如何在祂的救贖大工中使用普通人，透過植堂、個人佈道和醫治事工，接觸未得之民。同時也顯明，一個人的生命也可以形塑一間神學院的課程和課程綱要——並由此再形塑世界，遠超單一的地點所限。作為其教導事工的一部分，劉氏周遊各地，他的名聲和影響力也因此遍及台灣、澳洲、紐西蘭、巴西和北美，而且在散居的華人和台灣人當中尤甚。台福運動深受劉氏形塑，也將繼續邁進。劉氏不但是一位當代的屬靈神僕，同時亦是富有異象又深具魅力的領袖、佈道家、負傷的治療者、植堂者、教師、執行者、屬靈權威，也是謙卑的僕人。透過台福運動、透過他的學生與家人，劉氏的嘉言懿行、高風亮節，將代代相傳。

神學院校往往始於某個人物，正道正是始於劉富理。劉氏以生命順服聖靈，形塑了一間順服聖靈、並以靈命塑造為核心神學精神的神學院。在當今散居華人裡，來自中國和世界各地的學生都來到正道接受神學教育。然而，時移世易。近年來，許多學生都是選擇報讀正道「全時間」網上函授的文學碩士課程。不過，這些學生仍必須親身到校面授完成靈命塑造課程。[19] 對一眾神學院而言，網上函授靈命塑造，一直是一大挑戰。執筆之際，正道的靈命塑造課程仍是面授的。這進一步顯明，在正道福音神學院的教育文化中，靈命塑造至關重要。這份重視，只是劉氏的眾多德澤之一。

正道福音神學院的誕生

在台福的處境中，神學教育有何目的？植堂和神學院的教育又有何關係？正如上文所見，無論是北美，還是在世界各地，台福的堂會都迅速增長。然而，一個嚴重的問題也隨之而來——曾受專業訓練的牧師非常缺乏，不足以牧養這些新建立的堂會。劉富理曾經嘗試從台灣越洋聘請牧者，將他們由一個文化移到另一個文化當中。然而，此路似乎不通。牧者雖然和會

---

[19] 這一狀況現因疫情已有所調整，靈命塑造課程也有網路授課。

眾語言相通，但北美的新移民文化畢竟與家鄉不同。例如，有些講道例子就無法切合新移民處境，有些行道建議亦無法適切新移民堂會的處境。

有見及此，劉富理的同工高集樂（Samuel Kao）對神學教育有了一個特殊的異象，提議訓練當地的台灣新移民，牧養這些說台語的堂會。起初，這個想法遭到反對。有些是擔心缺乏資源，無法實施這樣的計畫；有些則是整體上懷疑計畫能否成功。最終，為了輔助台福的宣教與植堂任務，台福總會便開辦了一間台灣人的神學院，以應付台福缺乏牧者的問題。結果，就於1989年成立了正道福音神學院。在頭廿五年間（1989年至2014年），一直由劉氏擔任院長。神學院最初的中文名稱是台福神學院（Tai Fu Seminary），「台」即指「台灣」，「福」則指「福音」或「傳福音」。顧名思義，這神學院並非憑空出世，而是為回應所牧養之台語堂會的需求。這些教會是因劉氏的神國異象而建立，為要搶救失喪靈魂。所以，劉氏自然亦在牧養洛福之餘，出任神學院的首任院長。這種兩職兼任的狀態持續了十一年，直至劉氏卸任主任牧師一職。毫無懸念，正道的校訓就是劉氏對威廉・克理名言的改編版：「為主圖謀大事，搶救百萬靈魂。」有位學生回憶自己在學時怎樣受劉氏影響，想起劉氏針對這則校訓講了一整篇道。自始，這則校訓就形塑了這位學生對於在事奉中作忠心僕人的概念。聽罷講道，他請

劉氏為他自己和他的家人禱告。他記得劉氏握著他的手，熱切地為他禱告。這畫面在這學生的腦海和生命中，留下深深的烙印，影響至今猶存。[20]

正道福音神學院是獨特的。在榮獲美加神學院校協會及西部學校和學院協會高中及大學委員會（WASC Senior College and University Commission, WSCUC）雙重認證的院校中，它是第一間致力服事華語群體的神學院。時至今日，北美已經有幾間華語神學院獲得認證。例如，洛杉磯的北美中華福音神學院（China Evangelical Seminary North America）於1992年成立，2015年獲 ATS 認證；加州聖何西市（San Jose）的基督工人神學院（Christian Witness Theological Seminary）於1973年成立，2016年獲 ATS 認證。就此而言，正道福音神學院一直執北美華語神學院校之牛耳。

帶著在台灣植堂的異象，正道於2007年在台灣成立了一間神學院——台灣正道福音神學院，其使命就是為台灣的堂會裝備和培訓教牧。[21] 2009年，由於大芝加哥地區需要一間華語神學院，於是正道也在那裡開設分校，以滿足該區華人堂會和中西部地區華人堂會缺乏牧者的需要。換言之，由正道創校之初，其任

---

[20] 蘇文安編，《標竿正道》，179。
[21] 台灣正道福音神學院是在洛杉磯正道的幫助下成立的。技術上，既然台灣正道有自己的校董會和行政體系，就不應視為洛杉磯正道的分校，而是姊妹學校。

務已經是要為神、為全球教會圖謀大事。雖然正道最初的目標對象是台語堂會，但後來這使命已延至華語的堂會。現在，正道福音神學院成了一個培訓基地，服事全球教會，尤其是散居華人。就此而言，台福運動的終極目標，是要藉著植堂、堂會增長，敬拜那榮美偉大的神。創立神學院，只是一個方法。對台福而言，神學教育的意義和目的，始終是宣教和全球的。

在創辦正道福音神學院的過程中，劉富理並非單打獨鬥。從一開始，就有高集樂牧師的鼎力支持，之後又有兩名得力的隊友：詹正義（Silas Chan）和蘇文隆（Wilfred Su），二人都於富勒神學院博士畢業。劉氏是神學院的院長，專注籌款。詹正義則專注教務工作，提出取得 ATS 認證的正是他。他也活躍於 ATS 的許多活動，並受邀在 2002 年 ATS 二百週年紀念會上，坐著輪椅祝福會眾。他是首位獲此殊榮的華人教務長。詹正義與劉氏合作同工，接近二十載。他於 2014 年逝世，時為劉氏卸任院長的幾個月以前。

蘇文隆是負責學院的行政事務和財務工作。他也與一眾學生、校友和牧者保持緊密關係，甚至持續到他退休以後。時至今日，他仍經常周遊各國，到處招生、聯絡校友。不久前，我向他詢問他加入正道的原委，他就講述了他和劉富理之間的一件往事。蘇文隆素來習慣在晚餐後去散步。有一天，劉富理和他一起散了步，從此每天恆常地與蘇氏散步。他們起初只是閒聊，

但有天傍晚，劉氏邀請他加入正道福音神學院的同工團隊，蘇氏也答應了。此後，劉氏就沒有再一起散步了。蘇氏說起此事時，我們都莞爾。蘇氏於2015年退休，不再全時間教學，但繼續在世界各地以客席身份參與教導，也有些服事。劉富理、詹正義、蘇文隆三足鼎立，將正道建立在堅固的根基上。

2014年，劉富理正式卸任，結束長達廿五年的院長生涯。自始，他每年有四個月在台灣正道福音神學院服事，負責教靈命塑造等課程。他也在全台灣、美國，以及諸如羅馬、悉尼、奧克蘭這些散居華人的聚居地，召開培靈會和醫治特會。雖然劉氏的故鄉是台灣，但他的大本營還是在洛杉磯，他的家人、眾女兒、眾外孫都在此地。他在南加州的時候，同樣在眾堂會講道、教導、召開醫治大會。他仍是驚人地有效率，身體力行地活出他的格言。

在正道最近的一次學院退修會上，一位女新生攜同她未信主的丈夫出席。作為教授，我想表現得親切些，就接觸他並表示歡迎。在退修會的最後一天，這位女學生再次帶她的丈夫來找我。不過這次，是為了告訴我：他剛剛信主了——因為劉富理昨天向他傳了福音。這是十分典型的事：在退修會上，我的目標是向來賓表達親切，尤其歡迎新生；但劉富理卻一以貫之的對福音念茲在茲，一如既往地向尚未認識耶穌的人傳福音。劉氏今昔如一，無論得時不得時，務要傳道（提後四2）。

從劉富理的故事中學習

本章的聚焦是劉富理的生命、事工、德澤，以及神如何使用這樣的一個人，形塑了一個宗派和一間神學學府。台福運動始於大洛杉磯地區，漸漸延至北美其他地區、亞洲，以及更遠的地方；但運動的背後，是劉富理。從一人帶領團隊，衍生了一個宗派，逾百間堂會和一間備受認證的神學院。但或許有人會說，那又如何？劉氏的事工有什麼更宏大的意義嗎？他的事工與你與我何干呢？讓我們將目光轉到四方面。

聖靈在散居群體當中的工作

劉富理的故事，是一位信徒的故事，是台福的故事，是一個新移民的故事；最重要的是，這是神在散居華人當中的宣教故事。美國的人口結構、種族、文化、政治，以及經濟格局，一直隨移民和新移民而不斷改變。這些格局隨每次新移民的浪潮而不斷演變，但對這些改變的宗教信仰之影響卻往往被忽視。卡羅爾（M. Daniel Carroll R.）從西班牙語裔美國人的視角出發，撰寫了專著《邊境上的基督徒》（*Christians at the Border*）。當中，他描述了西班牙語裔族群在美國境內的複雜問題，又描述了這些問題對族裔自覺帶來的挑戰，對就業和服務的影響，亦談及普羅大眾對非

法移民的負面印象。[22] 他探討美國西班牙語裔族群的挑戰，又指他們的基督信仰往往被人忽視。他說，「大多數西班牙語裔人士到達美國時，都帶有某種基督教的背景和意識。基督信仰在新移民群體裡生機勃勃，而新移民是數以百萬計的。」[23] 此外，還有數以百萬的人在到達美國後歸信基督。這些人口合在一起，就使美國的基督教「變成了棕色」（browning）。[24] 卡羅爾論指，神很有可能是特意將數以百萬的西班牙語裔基督徒帶到美國，藉以復興美國的基督教會。由是觀之，這些新移民的信仰正在用意想不到的方式，使耶穌基督的教會不斷增長，而且帶來影響。[25]

同樣，劉富理也代表了在美國的台灣基督徒，而台福運動則點起了星星之火，不但燃起其他在美台灣基督徒的信仰，也影響到全球的散居台灣人，及至全球的散居華人。這把火勢不可擋，將會烈焰熊熊，「直至地極」；因為這把火是聖靈點燃的。神將自己的靈澆灌在劉氏和整個台福宗派身上，讓他們能夠為神的國見異象、做異夢。他們五十年前領受的異象，就是明證。人的努力與聖靈攜手合作，就將繼續轉化散居華人中的台灣基督教和中國基督教。

---

[22] M. Daniel Carroll R., *Christians at the Border: Immigration, the Church, and the Bible* (Grand Rapids: Brazos, 2008), 1-42.
[23] Carroll R., *Christians at the Border*, 34-35.
[24] Carroll R., *Christians at the Border*, 38. 因為西班牙語裔人的皮膚多數是棕色的，所以用「變棕」來形容。
[25] Carroll R., *Christians at the Border*, 40.

劉富理本人帶來了改變，他的事工也不斷帶來改變。這些改變是始於社會的外圍，始於在美國的台灣新移民所處的邊緣。這個邊緣地帶隨時日而擴大，擴展至台灣本土和全球其他地區。第二代台灣裔和中國裔的美國人越來越多，但他們既不懂台語，也不懂華語。於是，這就促使第一代的台灣和中國基督徒必須把眼光看得更闊。如是者，在北美、紐西蘭和澳洲的許多台福的堂會，紛紛將會眾一分為三，在同一堂址開展台語堂、華語堂、英語堂，以適切會友因不同語言和文化而來的需要。

台福眾堂會在散居華人之中的擴張，不但反映了基督教在世界中的現況，也反映了時下美國的宗教格局。正如西班牙語裔的基督教正在更新美國的教會，台福眾堂會的增長也貢獻於美國，乃至全球的基督教。西班牙語裔和華裔的散居基督徒群體一樣，都不僅影響單一的族裔或種族群體，更影響全世界。兩者都顯明神的國度是包括萬民的。台福眾堂會的增長，便需要有相應的神學教育，以塑造服事這些堂會的人。正道福音神學院是為全球的教會而存在。在全球和局部地區，神學教育的格局都不斷變化，而正道的使命也不斷更新、重塑，以回應當中的需要。2019年9月，在正道福音神學院三十週年慶典之始，學院的使命宣言就再次更新了，這次換成了「**塑造神國使命僕人，轉化全球基督教會**」。學院向來矢志要為全球教會而參與全球宣教，這個新的宣言也鞏固了這個精神。

三股合成的繩子：神學院、堂會、宗派

從劉富理的故事和旅程中，我們看到神學院、堂會、宗派之間關係密切，也看到這三者是如何互動和鞏固彼此。在西方，宗派和志願團體似乎在神學教育上顯得日益虛弱（正如史密夫在本叢書的另作中所言），但台福卻是一個有力的反例。西方的神學生日益自費讀書，得不到宗派的財政支持；反觀台福，卻可見宗派的鼎力支持。同樣，西方許多神學院和宗派的關係日益疏離或衝突漸多，但正道福音神學院和台福宗派仍繼續緊密相連。正道和台福有共同的使命，就是服事全球教會，尤其是在散居台灣人和散居華人當中的堂會。台福眾堂會、台福宗派和正道福音神學院之間的關係，是堅固而互惠的。台福眾堂會跟從台福總會的異象，也在財務上做出貢獻。每間台福堂會都會以年度奉獻所得抽出若干百份比，撥歸台福宗派，以支持宗派在全球植堂。此外，宗派負責管理堂會結構，又為堂會提供組織上的領導，而堂會則遵守宗派制定的法規。宗派建立神學院，正是為了服務宗派的異象：墾植堂會，傳揚福音直到地極。

探討神學院和堂會之關係的重要性時，歐緒洱提及「對神學院而言，與教會團體保持有意義的關係，至關重要。」[26] 他引用跨宗派神學中心（Interdenom-

---

[26] Daniel O. Aleshire, *Earthen Vessels: Hopeful Reflections on*

inational Theological Center) 前主席巴圖 (Michael A. Battle) 的話說:「堂會是神學院之必需,但神學院卻並非堂會之必需。」[27] 就其強調教會之於神學院的重要性而言,這說法並沒有錯。若沒有堂會,神學生畢業後何去何從?神學院又有何目標?不過,與巴圖的說法相比,台福堂會和正道的關係卻更顯是互惠互助。因為如果神學院不能訓練勝任的牧者,堂會又如何增長呢?的確,堂會可以透過組織主日學、聘請專業的神學家為講員和教師,從而為會眾提供有系統的神學訓練。但這些人才也終究需要有一個受訓的地方。鑒於兩者的關係是如此密切,神學院設計的課程必須適切教會的需要。歐緒洱認為,將來「全賴於一件事:堂會和神學院都視彼此之間的關係為至關重要。」[28]

目前,台福為那些將於台福堂會服事的神學生提供獎學金。然而,正道福音神學院也有許多學生並未加入台福的堂會,畢業後亦未必會在台福宗派服事。隨著神學院逐漸超越宗派,擁抱其他宗派和堂會,其宗旨亦有所轉變——起初是要為台福的堂會培訓牧者,現在也變成為全球教會預備牧者。然而,即使涉及的範圍已超越台福的架構,但神學院的使命依舊與台福緊密協調。由於兩者的使命如此和諧相連,正道福音

---

the Work and Future of Theological Schools (Grand Rapids: Eerdmans, 2008), 129.

[27] Aleshire, *Earthen Vessels*, 129.
[28] Aleshire, *Earthen Vessels*, 130.

神學院、台福眾堂會、台福宗派，三者似乎將會繼續維持緊密關係。這個錯綜複雜的關係網，形成了一條「三股合成的繩子」，難以割斷。

神學教育的意義和目的

劉富理接受了神學教育，後來又在他自己的文化處境中從事神學教育。由他的經歷，我們可瞥見神學教育的意義和目的。劉氏本人深受魏格納（Peter Wagner）、柯瑞福（Charles Kraft）的教誨和溫約翰的榜樣所形塑，又在自己的服事中實踐所學。從他的旅程，我們可以看到神學教育的意義所在，以及這種意義是如何激發和轉化他的事工。劉氏在富勒神學院所接受的神學教育，奠定了他將來的服事之理論和神學基礎。在他的生命和事工中，神學和實踐是兩個不同而相連的領域。神學形塑了實踐，實踐又反過來精煉了神學；二者是彼此鞏固的。劉氏教授靈命塑造課程時，往往提醒學生要寫靈修札記，記錄每日從《聖經》領受的洞見，更鼓勵學生要發掘深觸自己內心的經文。久而久之，這種日常讀經的方式就會習慣成自然，進而成為他們講道、教導、牧養關懷的根基。例如，當他讀到〈詩篇〉一三八篇8節說，「耶和華必成全關乎我的事」，他就用心記下，並以此禱告，願神的旨意在他人的生命中成就。

劉富理醫治事工背後的神學，是基於他對兩方面

的神學理解：一是神在《舊約》中的醫治大能，二是《新約》記錄的耶穌在世時的醫治事工。當劉氏還在神學院學習醫治神學時，他觀察其他人如何開展這事工，並將之應用到台灣和中國文化中，從而建構自己的醫治事工。如是者，我們又再次看到實踐神學必須適切處境才可有效。

對劉富理而言，神學教育不只是停留於知識，而是整合到現實生活和事工實踐中。因此，神學教育的意義首先就是要轉化學生的生命。這是透過鼓勵他們與神發展健康而活潑的關係，同時建立以聖經為原則的堅實基礎，繼而將這知識應用在服事的處境中。對劉氏而言，神學教育的終極目的就是改變生命，使其服膺於創世的萬有之主的旨意。這也符合台福的異象，即完成大使命，使萬民作門徒。改變生命也是使人作門徒的一種方式。劉富理的故事有助我們反思神學教育的意義和目的——不只是指北美的，也包括世界其他地方的。正如道格拉斯（Lois McKinney Douglas）所言，「全球化的神學教育是紮根於神的使命（*missio Dei*），宏揚靈命塑造，肯定教會的宣教本質，並且萌生自釋經的群體。」[29] 劉氏的生命和事工都整合了理論

---

[29] Lois McKinney Douglas, "Globalizing Theology and Theological Education," in *Globalizing Theology: Belief and Practice in an Era of World Christianity*, ed. Craig Ott and Harold A. Netland (Grand Rapids: Baker Academic, 2006), 274.

和實踐，正正顯明了神的使命。他在靈命塑造上的教導，為他的醫治事工和個人佈道提供神學基礎。台福運動的植堂工作不斷參與神的使命。他的「服事群體」位於散居的中國人和台灣人當中。劉富理的貢獻不只在於中國和台灣基督教的未來格局，亦惠及美國的基督教和更廣闊的宗教格局。

展望將來：再思語言與主體（majority）

關於劉富理的故事及其對台灣與中國群體的影響，假如未能以英語講述，西方世界將會一無所知。於是，西方對廿一世紀神學教育的理解亦將缺少重要的一環。在自己的神學傳統裡談論神學教育（例如改革宗、五旬宗、羅馬天主教等等），是一回事；以母語談論自己的神學實踐，而不將之傳播到更大的受眾群體，這是更狹隘的一回事。我在執筆撰寫劉富理這個故事時，無法不意識到：對於重要而影響深遠的人物和屬靈的巨人，必須以一種大多數人都懂的語言將之傳播。我肯定其他國家也必定有其他傑出的人物，其故事只停留在自己的母語，尚未翻譯成英文。在現今這種時闗中，英語成為了一個空間，讓不同語言的人彼此連結。這個空間是共享的，雖然也許也是有爭議的。由此觀之，語言使人分隔，也使人聯合。〈創世紀〉十一章中，巴別塔事件導致了多個後果，其中一個就是不同群體

因語言的差異而彼此分隔。但〈使徒行傳〉的五旬節事件逆轉了巴別塔事件，讓操各種語言和方言的人無須翻譯也能互相理解。我將在第三章進一步就神學教育的議題，探討語言和族裔問題。

了解劉富理的故事，也促使我們再思「主流/主體」（majority）的定義。在廿一世紀，最多人說的語言是甚麼？其實並不是英語。世界上超過12億人說華語；4億人說西班牙語；英語位列第三，約有3.6億人。[30] 按照這些統計數據，華語應該是世界的主流，因為華人人口最多。但當我撰寫劉富理的故事時，卻不得不用英語來寫；因為英語被視為「主流」語言。這豈不諷刺？在宣教術語當中，「主體世界」（majority world）是指亞洲、非洲、拉丁美洲所謂的第三世界國家，而「少數世界」（minority world）則指北美和歐洲。如果我們寫作的對象是更廣闊的受眾群體，就應該面向主流世界。此刻，在廿一世紀，英語仍是國際語言，不同母語的人藉此互相連結。但這會持續多久呢？一百年或幾百年內，華語或西班牙語會否取代英語，成為國際語言？也許有一天，如今的「主體世界」或許會真正成為世界的主流。如果真的如此，屆時，現今的邊緣就將成為新的中心。正如西班牙語裔和華

---

[30] James Lane, "The 10 Most Spoken Languages in the World," *Babbel Magazine*, September 6, 2019, https://www.babbel.com/en/magazine/the-10-most-spoken-languages-in-the-world.

裔為全球的基督教帶來更新，將來，邊緣與中心的逆轉亦是自然不過。然而，基督教的最終更新所等待的，並非只是這種逆轉，而是萬民聚集，齊聲頌唱神之榮耀的新天新地。

最後，本章講述了神怎樣使用了一個人來傳播福音，及這個人的故事如何形塑了一個宗派和一間神學院，從而貢獻於散居華人內外。本章也講述了聖靈在廿一世紀的散居華人當中有何工作，從而闡明神學教育現今和將來的格局。由此，我們將邁向下一章，我將講述正道福音神學院的故事。它是一間位於美國，以華語教學的神學院。正如我在上文所指，也許這種語言方式和神學院的運作方式，將成為神學教育「下一個將來」的一部分。我將反思這間神學院實踐神學教育的方式，因其本身有自身獨特的軌跡，但也與北美神學教育的主流敘事不同（runs counter）。這實在值得深思。

第2章
在散居中抗衡主流敘事

　　正如本叢書的標題「時閾中的神學教育」(Theological Education between the Times) 所示,神學教育正值一個後浪推前浪的時代。史密夫在本叢書的另作中,指出了若干時代的徵兆,包括招生人數減少和持續的財務困境,令幾間著名的神學院校都面臨關閉、合併,或是歸附更大的院校,才得以繼續履行使命(包括安多福·牛頓神學院 [Andover-Newton、聖公會神學院 [Episcopal Divinity School]、席博瑞西方神學院 [Seabury Western] 和班戈神學院 [Bangor Theological Seminary])。最近,富勒神學院宣佈因財務原因而決定搬遷,從帕莎蒂娜市 (Pasadena) 的老校址遷至洛杉磯的另一個市郊地區,波莫納市 (Pomona)。他們隨後又改變主意,決定留在原址,但要大幅裁減辦學規模。在 2019 年,也有兩間南加州的神學院

考慮遷校，以應對財務問題：克萊蒙神學院（Claremont School of Theology）遷到了俄勒岡州（Oregon），國際神學院（International School of Theology）則從艾爾蒙地市（El Monte）遷到西柯汶納市（West Covina）的一處教會用地。

但是，並非所有神學院都如此。正道福音神學院就是一間蓬勃發展的神學院，服務全球華人基督徒，以牧養散居華人內外。若干神學院面對財政問題，需要遷校或縮減辦學規模，但正道卻在翻新自己的校園。而且，翻新的資金全數來自學院忠實支持者的奉獻。在正道的故事裡，偶爾也遇到財務危機，但靠著神的恩典，卻總是安然渡過。廿一世紀的神學教育終究也有新事物冒起，儘管箇中不無艱難。

本章將聚焦正道福音神學院。它既是神學教育新浪潮的一員，也是一個抗衡當代北美神學教育思潮的聲音。正道的故事為神學教育提供了另一種視野，有助我們反思時闌中的神學教育之意義與目的。首先，我將從幾方面刻畫正道提供的反敘事。然後我將會反思正道這類神學院校作出的貢獻和面對的挑戰。最後，我將反思神學教育的將來。

正道福音神學院作為一個反敘事

正道福音神學院是一間在美國的散居神學院，也是第一間獲得美加神學院校協會認證的亞裔神學院。

它既符合協會的辦學標準，又與協會的典型模式相異。我將列出七處差異：[1]（1）正道協助開創強調*塑造*的神學教育；（2）正道專注塑造僕人而非塑造領袖；（3）正道是開創華語教學的先驅；（4）正道以道學碩士學位為通往牧職之途；（5）正道強烈支持女性在事奉中的角色；（6）正道學生的學債極低；（7）正道為散居華人將來的神學教育開設哲學博士課程。上述每一點都與時下神學院的主流敘事不同，亦使正道的聲音在神學教育新舊交替的浪濤中，清晰可聞。

正道協助開創強調塑造的神學教育

在美加神學院校協會一眾院校中，強調靈命塑造或以塑造為教育模式的神學院越來越多。歐緒洱在本叢書的另一著作中，更加詳細地探討了這些發展。歐緒洱勾畫出這種模式的發展，並將之形容為神學教育的「下一個將來」。也許對許多神學院而言，塑造是「下一個將來」，但在正道福音神學院，靈命塑造從創校就已以此為首要。我在第一章介紹了劉富理，他是正道福音神學院的創辦人和首任院長。他的事奉理念就是以靈命塑造為中心，所以他本人，乃至整間神學院都認為，學生和神之間的親密關係，比起《聖經》、

---

[1] 頭三處差異是歷史事實，因此亦將永遠適用。另外四點很可能會繼續存在，但也有很多變數，或會隨時日流逝而影響這些論述的結果。

歷史、系統神學等知識都更重要，也比事奉技巧更重要。他相信「所是」（being）先於「所行」（doing）；換言之，與神的關係先於事奉。他的靈命塑造課不僅是他本人的「招牌課程」，也成為了神學院整體的招牌課程。正道的畢業生也都以曾經修讀此課程為榮。許多畢業生都公開分享，表示這課程形塑或轉化了他們的生命和事奉理念，並認為靈命塑造是他們最重要的求學經歷。[2] 許多新生也表示，他們選擇正道，正因這裡強調靈命塑造。是的，正道從創校就一直以靈命塑造為使命的核心。

綜觀整個西方的神學教育歷史，兩種基本的教育模式並駕齊驅，又偶有碰撞。凱爾西（David Kelsey）稱它們為「雅典」和「柏林」。雅典模式的焦點，在於透過塑造品格和保持聖潔來形塑靈魂。它的目標是要知道何為善，即要獲得道德和理智上（intellectual）的美德。它傾向聚焦於學生身上，培育他們將智慧化為己用，從而經歷塑造。這些智慧可以是關於神，也可以是關於他們在神面前的自己。相對而言，柏林模式則有兩個焦點——「博學尋知」（*Wissenschaft*）和「專業教育」（professional education）。博學尋知是指循序漸進、訓練有素的批判性研究；專業教育則旨在訓

---

[2] 基於 ATS《2017 至 2018 年度畢業學生問卷調查》表 17，截至 2018 年 6 月 27 日，共有廿五份回覆。排名第二、第三重要的求學經歷分別為「與同學的互動」及「事奉經驗」。

練專業的事奉人員。博學尋知旨在教導學生參與研究，在其專攻的課題上，掌握其科學和客觀的真理。柏林模式幫助學生由資料進到理論，再將理論付諸實踐。[3] 我們可將這兩種教育模式區分為「塑造模式」和「研究－專業模式」。

自十九世紀末葉以降，美國的高等教育漸漸由柏林模式主導。[4] 然而，數十年來，越來越多的神學院留意到，塑造對神學教育非常重要。在他們看來，與研究－專業模式的焦點相比，形塑學生以達至課程期望的成果更為重要。對於線上教育，其中一大疑慮正是難以將學習過程的塑造元素整合到線上形式，因為面對面的互動似乎才是塑造的最佳方式。數十年來，西方（以及其中的大多數神學院）重研究而輕塑造，但正道福音神學院自創校便以塑造模式為教育理念的原動力。

李瑾（Jun Li）在其著作《文化溯源：東方與西方的學習理念》（*Cultural Foundations of Learning: East and West*）中研究了歐美學生和東亞學生的不同學習風格。她發現，前者傾向認為教育是為了學習掌控世界，後者則視之為轉化自己的過程。歐美學生的學習風格以思維為本，東亞學生的學習風格則以品德為本。前者的學習風格重視主動參與、批判性探究和表達自我，

---

[3] David H. Kelsey, *Between Athens and Berlin: The Theological Education Debate* (Grand Rapids: Eerdmans, 1993), 6-22.

[4] Kelsey, *Between Athens and Berlin*, 18.

而後者的學習風格則重視認真、勤勉、專注、鍛鍊刻苦耐勞之能力。[5] 換言之，東亞的教育模式整體上側重於品格塑造，與凱爾西描述的雅典模式異曲同工。某程度上，以品德為本的學習風格建基於孔子的教導和遺澤。他雖然不是基督徒，但卻相信有「天」，也相信有一位至高存有（supreme being）。

柏林和雅典模式彷如兩極，但西方還有一些神秘主義傳統，也有諸如諾里奇的朱利安（Julian of Norwich）、十架約翰（John of the Cross）、格萊福的伯納（Bernard of Clairvaux）、大貴格利（Gregory the Great）和大德蘭（Teresa of Ávila）等人物的教導。對他們而言，在信徒的塑造中居首位的，是靈性（spirituality）和神人之間心靈的契合。我們還應加上默頓（Thomas Merton）和盧雲（Henri Nouwen），前者呼籲二十世紀的基督徒要注重默想，後者則是一位天主教神父，其有關靈性的著作近年極有影響力；還有諸如羅爾（Richard Rohr）和貝內爾（David Benner）等當代人物。正道強調靈命塑造，引以為傲，而且並不孤單。可是，在*新教福音派神學院*之教育模式的發展歷史中，正道的靈命塑造課程卻與大多數主流神學院格格不入。

---

[5] Jun Li, *Cultural Foundations of Learning: East and West* (Cambridge: Cambridge University Press, 2012), 20-21, 108-123. 中譯請見，李瑾著，《文化溯源：東方與西方的學習理念》，張孝耘譯（上海：華東師範大學出版社，2015）。在此所引的頁數位於為第二章首兩頁及第四章上半。

歐緒耳在其著作《超越專業：神學教育的下一個將來》(*Beyond Profession: The Next Future of Theological Education*) 中，反思了自己的神學教育經歷。他發現，「其教育的效果，與其說是在於所獲得（或遺忘）的知識，不如說是塑造了我，又相當穩定地歷久不衰的觀點和感悟。」[6] 展望將來的神學教育，他預測神學院的功能和做法都會有許多轉變，但真正的宗教領袖必須具備的屬靈和人格特質，仍將是一個重大的需要。他引用兩段談及神職人員之道德和宗教特質的經文，即〈提摩太前書〉三章 1~7 節和〈提多書〉一章 7~9 節，並呼籲讀者再思和研讀。我相信，正道從過去帶到現在和將來的，正是宗教領袖的這些屬靈特質。若比較劉富理和歐緒耳的塑造模式，兩者最大的分別在於塑造的範圍。對劉氏而言，塑造是繫根於人神關係，人的生命和行為都衍生於此。對歐緒耳而言，塑造似乎是更廣泛的，涵蓋神學教育的整個教育目標，以及實現該目標所需的教育過程。歐緒耳在其著作中所描述的，大多反映出正道的教育精神：神學教育的目標是全人的，是涉及理智、情感和行為的塑造。在西方，塑造模式是神學教育的「將來」，但自正道創校之初，這就已經深植學院的教育精神。

---

[6] 這段引文是按照歐緒耳於本叢書的作品 *Beyond Profession: The Next Future of Theological Education* (Grand Rapids: Eerdmans, 2021) 的原稿。

正道專注塑造僕人而非塑造領袖

大部分西方神學院校的教育理念近年有一個轉變，從裝備學生實現職涯目標，變為塑造神國領袖。觀乎神學教育目標的更新，這點尤為明顯。因此，在許多神學院校中，靈命塑造和品格塑造已成為課程設計的必要部分。於是，對這些院校而言，神學教育的目標就是塑造將來的領袖。例如，富勒神學院的使命宣言是「塑造全球領袖，矢志投身神國」（forming global leaders for kingdom vocations）；金門神學院（Gateway Seminary; 前身為金門浸信會神學院 [Golden Gate Baptist Theological Seminary]）的使命宣言是「形塑領袖，擴展神國，遍及世界」（shaping leaders who expand God's kingdom around the world）；伊默里大學坎德勒神學院（Emory University's Candler School of Theology）的使命宣言是「培育忠信而有創意的領袖，貢獻世界各地的教會事工」（educating faithful and creative leaders for the church's ministries throughout the world）。顯而易見，這些使命宣言用詞相似，都有「塑造」、「形塑」、「培育」等字，也都以同義詞組「全球」、「世界」、「國度」表明其使命的範圍，而且也它強調塑造「領袖」的重要性。他們選用「領袖」一詞，似乎顯示不只是關乎牧者，也包括林林總總的宗教工作者；這一切事工都彙聚於「領袖」這個頭銜之下。

過去，正道的使命宣言是要裝備僕人領袖。神學院的精神是，「領袖」一詞意指帶領，但未必與事奉有關。在中文語境裡，領袖可以是支配別人的，也可以是能幹而傲慢的。但正道一直抗拒這種模式。在 2019 年，院長和神學院的持份者再推進了一步，從「僕人領袖」去掉「領袖」二字，新的使命宣言始於「塑造神國使命僕人」。此舉進一步強調，正道興辦神學教育的目標是要塑造僕人，而不一定是領袖。這一改變背後的想法是，僕人是謙卑、溫柔、甘願服事他人的，不會將一己意志強加他人身上，反倒幫助、傾聽、祝福自己服事的人。這反映了品德模式，也與西方的主流敘事相抗衡。西方或許認為強硬的聲音有益於事工，但正道卻不然。在正道看來，謙卑和僕人的態度更是美德，應予推崇。正道強調塑造，像其他神學院一樣，但其塑造有獨特的目標——為要塑造人作謙卑的基督僕人。有些特質備受西方推崇，在正道卻未必如此。

　　在北美的新移民堂會中，分裂是很常見的現象。強硬的個性往往在堂會政治中引起混亂和糾紛。多年以來，我和許多華人牧者談論如何為他們的堂會聘用合適的神學生。很多時候，他們想要的是能夠跟隨的人，而不是能夠領導的人。他們想要的人，是能順服領導層、跟隨教會的方向，而不是創意澎湃又堅持己見。根據他們過去的經歷，聘用個性強硬的人往往會導致教會分裂。有鑒於此，在北美的華人處境中，塑造僕人而非領袖，也許是正確之選。

在西方，保持自我、有主見是良好的品格，但正道卻視之為負面。超凡出眾並不備受推崇，相反，謙卑服事而不為人知才是彌足珍貴。但現實是，堂會和事工既需要領袖，也需要僕人。我們不能只有一堆僕人，卻群龍無首；也不能只有一堆領袖，卻手下無兵。因此，在神學院校中，塑造僕人和塑造領袖之間存在張力。在廣泛如華人基督教的處境，或具體如正道的處境，「僕人領袖」這個過時的詞語都經得起時間的考驗。塑造能夠謙卑而有效地領導他人的僕人，將繼續是正道的挑戰。

正道是開創華語教學的先驅

在美加神學院校協會認證的學府中，正道是第一間力行華語教學的神學院。北美大多數 ATS 學府都用英語教學，正道卻在做一件新事。正道福音神學院最初的異象，是要為台福在美國、紐西蘭和澳洲新植的堂會訓練教牧。台福既然是始於台灣基督徒，宗派就很自然地打算建立台灣人的堂會，訓練台灣人為教牧。然而，有兩件事情改變了學院的使命，從起初想成為一間台灣人的神學院，變作想成為一間華人的神學院；學院的影響力亦因而擴展到全球。

第一件事發生於 1994 年。當時，戴紹曾（James Hudson Taylor III）來訪正道。他的曾祖父是英國來華的宣教士戴德生（James Hudson Taylor），創立了

海外基督使團（Overseas Missionary Fellowship, 簡稱 OMF，其前身為中國內地會 [China Inland Mission]）。戴紹曾提議學院採取「中段修正」（midcourse correction），將教學語言從台語變成華語。鑒於在美國的中國新移民不斷增多，神學院也有意回應全球華人堂會的需要。於是，劉富理和他的領導團隊就接受了這個提議。一般而言，相對於台語或粵語等中文方言，華語被視為官方中文。如是者，正道就邁出了第一步，超越台裔群體，接觸更廣闊的全球華人基督徒群體。因為這一轉變，不懂台語的師生也能加入正道。

正道的第二個轉變發生於 2007 年，學院改名了。學院最初的中文名包含了「台」字（「台灣」的簡稱），令人覺得學院只是為台語群體而存在。因此，劉富理和他的領導團隊深感必須展開一個縝密的「正名」過程，將學院的中文名調整至符合英文校名 Logos（「道」）。於是，就由「台福神學院」改成「正道福音神學院」。「正道」二字反映希臘文「Logos」的意思：「道」。在學院的異象和校史裡，這次是一個里程碑。新名字「正道」不但與英文校名 Logos 保持一致，也見證一個事實，「*正道是一間為跨宗派需要而服務的宗派神學院*」。學院無意忽略台福的需要，但其更宏大的目標卻是要透過裝備僕人為神國做工，使萬民作門徒。自始，這個國度觀就吸引了非台裔的學生。學院在 1994 年改以華語教學，為來自中國的學生打開了大門；然而，直至 2007 年更

改校名後，中國背景的學生才開始大量湧入。

自從學院重組校名之後，中國背景的學生——即中國公民或自認與中國有主要從屬關係的學生——明顯增加了。這在 2014 至 2019 年間尤為明顯，招生人數比重由 38% 攀升到 67%。2007 年，正道在台灣設立分校，招收有台灣背景的學生；結果，正道加州本部的台灣學生減少了。但我相信在不久的將來，中國學生來北美留學的趨勢還將持續。當然，移民的規模也將因應政治、經濟、國際關係等因素而變化。

越來越多中國學生來正道接受神學教育，對他們而言，英語是第二，甚至第三語言。他們選擇正道，很大程度上是因為正道以華語教學。此外，也有些學生來自別處（包括美國），他們的母語是華語，而非英語。他們也在正道找到自己的一片天地，可以在此以母語交流、學習、研究、寫論文，毫無語言障礙。正道相信，母語教學能讓教學更有效，並改善學生的學習體驗。

美國文化往往鄙視西班牙語、俄語、華語、韓語等英語以外的語言。與英語流利的人相比，不懂英語的通常被視為「次等」或更愚笨。相似地，學術界也往往認為運用英語就是才智的標記。學生能夠有機會學習而不被標籤，是很重要的。此外，由於正道的畢業生大多打算學成後服事散居華人，以中文學習聖經和事奉方法，也預備他們將來進入事奉的處境。基於

這些因素，在神學教育中，母語教學必須有其位置——無論這母語是指華語、粵語、韓語或西班牙語。我將於下一章更詳盡地探討語言的問題。

在正道任教期間，我也有機會到美國的其他神學院，及巴西、西班牙、紐西蘭和多個亞洲國家授課。在這些美國神學院中，也包括加州帕莎蒂娜市的富勒神學院。在那裡，有些學生的母語並非英語，其英語口語亦相當蹩腳。有些來自韓國或南美等地的學生，剛剛到埗；也有些已在美國生活一段時間，但只留在自己族裔群體，因此英語水準有限。英語口語能力有限的學生，多數在課堂上保持沉默，無法參與小組討論。有時我想，如果這些學生能以母語接受神學教育，會不會更好？畢竟，他們畢業後極有可能服事他們本族的母語堂會。以母語接受神學教育，豈不會更有效？

有些少數族裔或國際學生雖然英語蹩腳，但仍選擇主流的新教神學院或英語的福音派神學院，而非入讀以族裔為本、使用母語的神學院。他們如此選擇，還有另一個重要因素：聲望。在很多少數族裔學生的文化心態中，能夠入讀並畢業於一間知名的英文神學院，是聲望的象徵，反映著他們殷切冀盼的向上流動，也是實現「美國夢」一種的方式。同樣，很多少數族裔的堂會也認為，英語學府的文憑或學位勝於本族裔的院校。因此，「聲望」這個概念包含兩方面：對學生的看法，以及對學位之「市場價值」的看法。但是，

學生的腦海裡不只是有這兩個因素。在正道的招生面試中，我遇到的學生並不是因為自己英語不佳而選擇正道，也不是因為正道有「本族裔神學院」的形象，而是出於使命：他們知道，對於將來在華人處境中服事，入讀正道是很好的預備。因此，將來事奉的文化處境也是選擇神學院的一個因素。

正道以道學碩士學位為通往牧職之途

長久以來，大多數神學院都視道學碩士為一個專業學位。這類學校認為自己的首要目標是為堂會訓練教牧，道學碩士學位象徵了這個目標。在華人基督教的處境中，尤為如此；許多華人堂會都要求牧者必須有這學位。對這些堂會而言，神學院的文學碩士（MA）學位根本無法滿足期望。在華人基督教文化中，若有人獲頒道學碩士，就會被視為教牧，並認為只要他沒有重大的品格或道德缺失，便必定正在朝向被按立為牧師的路上。對於攻讀神學或相關課程而獲頒文學碩士的人，這些堂會並無同等期望。

在正道，所有申請學位課程的學生都必須透過招生委員會的面試；該委員會的成員有教務長（academic dean）、學務長（dean of students）和兩位老師。未婚的學生單獨面試，但已婚的學生則需攜眷出席。而且，若有學生想從文學碩士轉修道學碩士，也需要攜眷接

受面試；但其他課程的面試都無須攜眷出席。如果委員會成員感到道學碩士申請人的配偶對其支持稍有不足，委員會通常就會拒絕該申請。因為我們假定，當這學生成為牧者，配偶的支持對牧者的生命和事奉大有裨益，甚至是不可或缺。這正是正道道學碩士和其他學位的區別。在西方，適合事奉與否純屬個人問題，但對正道的領導層和教員而言，評估學生是否適合事奉其實與靈命塑造掛勾。作牧者不是一個人的事，而是一個家庭的事，一件集體的事。

正道的道學碩士學位還有另一個特點，申請人必須確定自己蒙召畢業為牧者，才能通過招生面試，獲得委員會的認可。事實上，正道道學碩士學位課程的宗旨就已開宗明義，「預備學生在不同環境中有果效地牧養」。如果委員會感到申請人略有猶疑，就會讓申請人入讀文學碩士，或建議申請人修讀其他課程。簡而言之，在正道——其實一般華語神學院亦然——道學碩士學位是一個專業學位，是預留給未來的教牧和牧者的。在正道，一定程度上是由招生委員會負責評估學生是否適合事奉。招生委員會負責「把關」，盡可能確保申請人確實蒙召作教牧或牧者。曾經有人申請道學碩士學位，雖然符合學術要求，但也被拒絕，因為他們沒有清楚蒙召或委身牧職事奉。有趣地是，當這些被拒絕的學生申請南加州的英文神學院時，通常都被取錄。所以，對於道學碩士學位的看法，正道

和英文神學院的差異顯而易見。

就統計數據而言，按照 ATS 的《正道福音神學院 2019 至 2020 年度策略資訊報告》（*Strategic Information Report*），過去十年間，雖然道學碩士的招生人數在過去兩年內略有下滑，但正道所有課程的招生人數都在穩步增加。以新生數量計，過去十年的平均數是 163 名，今年（2019 學年）則較多，有 170 名。[7] 而且，自 2013 年起，正道的道學碩士就業率一直高於 80%；2017 年，甚至達到 100%。換言之，2017 年正道的所有道學碩士畢業生都在畢業時便已獲得受薪牧職。[8] 在 2019 至 2020 年，道學碩士的就業率為 85%。雖然略有下降，但同年 ATS 所有其他院校道學碩士的就業率為 75%，福音派院校為 71%，主流院校為 75%，羅馬天主教院校為 81%。如此看來，正道的 85% 仍相當可觀。[9]

而且，在 2019 年，正道的道學碩士畢業率為 92%，冠絕所有 ATS 院校。ATS 院校全體平均為 62%；具體細分的話，福音派院校為 51%，主流院校為 72%，羅馬天主教院校為 72%。（見圖表 2.1）。

---

[7] 見 ATS 的《正道福音神學院 2019 至 2020 年度策略資訊報告》，第一章，圖表 1-15，「Head Count Enrolment」（即招生人數）。關於策略資訊報告（SIR）的設計詳情，見 https://www.ats.edu/resources/institutional-data/strategic-information-report。

[8] 《策略資訊報告 2018-2019》，圖表 4-4a。

[9] 《策略資訊報告 2019-2020》，圖表 4-4a。

	正道福音神學院	整體ATS院校	福音派院校	主流院校	羅馬天主教／東正教院校
道學碩士	92%	62%	51%	72%	72%
專業文學碩士	50%	52%	49%	67%	51%
學術文學碩士	37%	54%	48%	60%	57%
專業進階	45%	48%	43%	55%	40%
神學碩士／神聖神學碩士	0%	54%	44%	66%	60%
神學博士／哲學博士		48%	52%	44%	48%
總計	52%				

圖表 2.1: 2019年度按學位及教會類別之畢業率 [10]

此外，如果比較在正道的道學碩士和文學碩士的畢業率，前者總是較高。其中一個原因是道學碩士有明確的目標——訓練將來的教牧和牧者。另一個原因則是該學位在招生時，只取錄清楚蒙召作牧者而又獲

---

[10] 為免歧義，在此按本書英文版本所列附注各學位英文名稱：道學碩士（Master of Divinity, MDiv），專業文學碩士（Professional MA），學術文學碩士（Academic MA），專業進階（Advanced Professional），神學碩士（Master of Theology, ThM），神聖神學碩士（Master of Sacred Theology, STM），神學博士（Doctor of Theology, ThD），哲學博士（Doctor of Philosophy, PhD）。

得配偶支持（如果已婚）的學生。在正道，道學碩士學位是為裝備未來的教牧人員，學院是提供實現這個目標的資源。我們的目標是讓將來的教牧透過牧職轉化個人和社會。相對之下，文學碩士學位便更為開放。在正道的文化裡有一個假設：雖然許多修讀文學碩士的學生無意踏入牧職，但所有學生都會以某種方式成為牧者。然而，道學碩士開宗明義必須有清晰的呼召和委身，並似乎因而有更高的畢業率和就業率。

正道的道學碩士學位大致上是史密夫（Ted Smith）所說的 M 模式，即由「*宗教機構致力帶來個人和社會的轉化，而神學教育則為領導這些機構受按立之職提供資源。*」[11] 諷刺的是，在西方廣大的神學教育世界裡，學生、教授和課程都開始離棄這個目標，M 模式因而衰退、潰散。例如，當學生要投身受按立的牧職時，神學院未必能提供所需的資源；或入讀神學院校的學生未必打算在宗教機構受薪工作；又或者，他們有意投身全時間受薪事奉，但也知道機會渺茫。加上，有些宗教學府並不志在轉化個人生命和廣大社會，而是追求促進研究和出版（柏林模式）；於是，這也可能改變道學碩士的身份認同。在這些學府中，

---

[11] 來自史密夫的講學，請見 Ted A. Smith, "Model M and Its Afterlives," Currie Lecture, Austin Presbyterian Theological Seminary, January 31, 2017, https://austinseminarydigital.org/items/show/1159。

學術研究優先於神學教育的傳統模式,即預備學生成為牧者。或許,我們需要一個新的模式。在最後一章,我將進一步探討道學碩士學位的定位。

不過,M模式雖然在許多英文神學院裡均告崩坍,但卻在正道屹立至今。當然,正如上文所述,過去兩年來,正道的道學碩士招生人數減少了。這可能是因為家庭事工碩士(MA in Family Ministry)和跨文化研究碩士(MA in Intercultural Studies)等其他課程的開設,亦可能是因為其他院校的中文課程有所增加。另一方面,招生人數減少也顯示時闊中的神學教育出現了本質上的變化。但是,正道和其他華語神學院仍然視道學碩士為通往牧職之途的不二之選,並如此堅信。

正道強烈支持女性在事奉中的角色

對於女性在事奉中的角色,許多新教福音派神學院顯得含糊不清。一些院校會攔阻女性,認為她們不應參與任何可能凌駕於成年男性的教導或講道事工中;有些則反對或禁止女性按牧;也有些不准女性擔任神學院的領袖角色。即使教授團支持女性參與事奉,但信託人和董事會或會認為這種想法非常冒犯,有違他們的神學信念。而即使整間院校都支持女性參與事奉,但學院也可能受制於意見相異的堂會網絡。女性可以順利畢業,具備事奉的資格,卻無法找到合適的牧職。

正道並不符合這一敘事。正道的使命和身份都是福音派，而且為此自豪。同時，學院也強烈支持女性參與各式各樣的事奉，包括在男女混合的堂會擔任主任牧師，在講台證道，和在不同宗教組織擔當重要的領袖角色。例如，至少有三位正道的女性校友在華語神學院擔任院長：一間是緬甸的聖經學校，一間是香港的聖經學校，一間是台灣的神學院。逾百位正道女性畢業生現正活躍於講台，肩負牧職，或擔任事工主管。整體而言，在正道逾七百位校友中，至少八十位女性畢業生在世界各地的華人堂會擔任主任牧師或副牧師。圖表 2.2（見下）顯示了 2000 年至 2019 年正道道學碩士女性畢業生的情況。

如圖表 2.2 所示，在 2000 年至 2019 年間的道學碩士女性畢業生之中，有 43% 在堂會事奉，比例高於任何其他事工。由此可見，正道的道學碩士仍然是邁向牧職的標準途徑，同時也是女性獲得牧職崗位的主要途徑。整體而言，在道學碩士畢業生中，投身牧職的男性比女性多，但正道道學碩士女性畢業生投身牧職的比例也不容忽視。

此外，2000 年至 2019 年間，正道學生的性別比例一直相對穩定，男生大致略多於 50%，女生則略多於 40%。道學碩士吸引的學生仍以男生居多，是因為這是通往按立的途徑，而後者在傳統上是男性的專利。基督教研究碩士（MA in Christian Studies）吸引了很多女

性;神學碩士過去一直男女比例各半,但近年卻女多於男。教牧學博士向來男多於女,因為男牧者在華人堂會位居主導。另外,在新開設的家庭事工碩士(MA in Family Ministry)中,起初是全女班,而至今仍是女多於男。

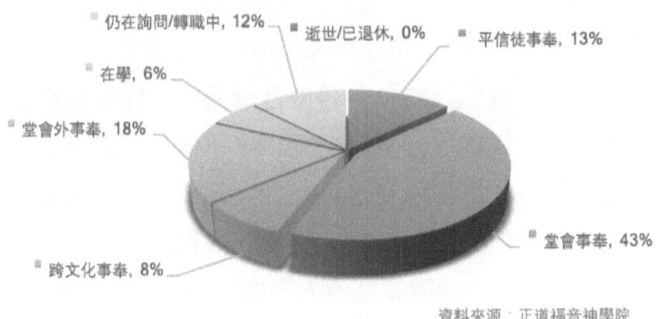

資料來源:正道福音神學院

圖表 2.2: 2000-2019年道學碩士女畢業生就業情況 (N=86)

至於教授團,在 2019 至 2020 年度,正道教授團共有十四位教授,其中七位是女性。也就是說,正道的教授團有一半是女性。這一比例較南加州任何一所新教福音派神學院更高。且反觀 ATS 院校中的新教福音派神學院,教授團平均只有 16% 是女性。如此一來,正道成為了異議聲音(countervoice)。[12]

更引人注目的不只是這些數字,而是背後所代表的意義。正道的七位女性教授中,有四位任教聖經或

---
[12] 《策略資訊報告 2019-2020》,圖表 7-2b。

神學科。那些對女性擔任領袖態度含糊不清的神學院，通常會安排女性教授任教輔導[13]和基督教教育，而非聖經和神學。如是者，正道又為福音派院校的形象再添一個反敘事。不但如此，截至 2020 年，正道的七位女教授中，一位是教務長，一位是副教務長，一位是家庭事工主任，一位是某重要委員會的主席。[14] 其餘三位雖然未有領導崗位，但亦全都活躍於當地堂會的講台。正道也有其他領導崗位，若符合資格的女性教授願意承擔重任，領導層亦樂意接受。在正道，問題不是女性可否領導，或領導層是否允許女性領導，而只是在於女性教授自己是否*想要* 踏上這些領導崗位。

正道福音神學院以其最大限度支持女性參與事奉、接受按立，但大多數華人堂會的文化卻顯然偏愛由男性牧者領導；在美國尤為如此。因此，聘用道學碩士畢業生時，這些堂會大多重男輕女。這就是美國華人女性牧者比例較低的原因。然而，正道支持女性事奉，這是無容置疑的。正道如此委身，不但與其他福音派院校大相徑庭，亦與其他父權主義鮮明的亞洲文化相去甚遠。例如，韓國堂會也像華人堂會一樣，對女性

---

[13] 正道福音神學院稱為「協談」。
[14] 為免歧義，謹列出各職銜的中英對照。正道設教務長（academic dean），另設 dean of students（學務長）；副教務長（associate academic dean）原為助理教務長（assistant dean）；家庭事工主任則指家庭事工碩士科主任（Director of MAFM Program）。

在事奉中的角色多有猶疑。韓國文化階級森嚴，而男性牧者通常被視為備受尊敬的權威人物，故女性在事奉中的角色極具挑戰。當然，也有一些重要的例外。無論是主流抑或福音派，都有許多神學院支持韓國和美籍韓裔女性參與事奉。有些堂會更是歡迎女性領導。但在韓國堂會中，女性講道終究只是例外，不是常態。若要透徹地探討韓國文化的性別動態（gender dynamics），實已超出本書範圍之外，但這個現實卻更突出正道對於女性作領導的支持。在此，正道在新教福音派傳統和亞洲的基督教傳統之中，別樹一格。

此外，正道支持女性作領導，也有悖於中華傳統。中華傳統深受儒家觀念形塑，認為女性低男性一等，在各方面都應順從男性，由生到死皆然。[15] 作為一間華語神學院，正道對女性的尊重是令人詫異的。

正道為何支持女性事奉？其中一個原因，是因為台福相信男女平等。正道並非刻意支持女性成為領袖，但其對女性事奉的支持，反映了學院委身於塑造男女成為神國使命之僕。正道認為，神的宣教是涵蓋兩性的，支持男女平等是符合《聖經》的。

另一個原因，則是因為缺乏符合資格、熟諳雙語的男性申請加入神學院任職。這是很實際的。在美國，

---

[15] "Confucian Views and Traditions regarding Women," Facts and Details, accessed February 24, 2020, http://factsanddetails.com/china/cat3/sub9/entry-5562.html.

多數華人堂會牧者的薪資都高於華語神學院的教授。因此，符合資格的男性往往選擇牧會，而非在華語神學院任教。另外，北美華人堂會強烈偏好男性牧者，於是神學院的女性畢業生較少獲得牧職。因此，對她們而言，在神學院任教和工作似乎較為可行。雖然這些故事千頭萬緒，但正道的委身是清楚的，亦異於許多形塑正道的傳統。

正道學生的學債極低

身處時闕的夾縫，越來越多神學院或迫於財政壓力倒閉，或搬遷到更便宜的地區，或甚至停止頒授學位。隨著 M 模式在大多數神學院瓦解，這趨勢很可能會持續。對學生而言，入讀神學院帶來的學債會威脅他們將來的事奉。學生畢業後，往往至少要十年才可償還學債。根據 ATS，ATS 院校 2016-2017 學年的學生畢業時，約半數人毫無學債，另一半則負債二至四萬美元不等，[16] 其中負債四至六萬美元的更略多於一半。

反觀同期的正道，道學碩士的學生完全沒有負債。在學術類文學碩士的學生中，約有三分之一的學生的確背負若干債務，但總平均債務均少於一萬美元。[17]

---

[16] Jo Ann Deasy 的研究 "Data from the Economic Challenges Facing Future Ministers Initiative," 基於 ATS《2016 至 2017 年度畢業學生問卷調查》。

[17] 基於 ATS《2015 至 2016 年度畢業學生問卷調查》，共有三十份回覆。

在迪西（Jo Ann Deasy）的研究數據中，學生越年長，負債也越低。這可能是因為年長學生的財務狀況普遍比年輕學生更穩健。另外，二十多歲的學生和博士畢業生負債最多。這是因為攻讀博士開支更大，耗時也更久。

如果畢業生一畢業順利入職，就能逐漸減輕財務負擔。但現實並不時常鼓舞人心。

有了 ATS 成員院校學債的慘況在前，正道的往績又將對這一趨勢提供一個反敘事。在正道，學生在接受神學教育時，也盡一切可能將學債減至最低。ATS 曾進行一次調查，名為《2017 至 2018 年度畢業學生問卷調查》，旨在蒐集正道 2017-2018 年度的學債情況，共收到廿五份回覆。截至 2018 年 6 月 27 日，廿五位參與者之中，廿三人完全沒有學債，情況遠勝大多數的神學院。

當然，學生學債少，有很多因素。首先，正道被認為是美國最實惠的神學院之一。[18] 在招生面試中，許多學生都表示，低廉的學費是他們選擇正道的原因之一。這種財政狀況可持續多久，我們不得而知。不過，從正道的歷史來看，要在財務上可持續發展，是一趟信心之旅，而正道的領導層和整個學院群體都參與其中。第二，正道為有需要的學生提供了相當可觀的補助。這些資金主要來自忠信的奉獻者，他們深願在神

---

[18] 在美國 2016 年最實惠的廿五間神學院中，正道榜上有名。請見 "Top 25 Most-Affordable Seminaries, 2016," College and Seminary.com, August 21, 2015, http://collegeandseminary.com/seminary/the-25-most-affordable-seminaries-in-2015/。

學教育上投資。學校領導層一直致力與這些奉獻者保持良好關係，並吸引新的奉獻者。第三，正道的學生中，逾半為國際學生，無法申請像聯邦學生補助（Free Application for Federal Student Aid, FAFSA）之類的聯邦貸款項目。因此，他們若非自費，便須獲得母會或事奉堂會的經濟支持。因此，他們的學債更少。最後，哲學博士生耗時長久、花費昂貴，因而更易背負學債。有鑒於此，正道每年都為五位入讀而合資格的哲學博士生提供全額獎學金；這份獎學金主要是劉富理的籌款所得。他向潛在的奉獻者分享學院的策略異象，希望為亞洲訓練神學家和神學教育工作者，對方於是就提供鉅額的經濟支持。

然而，學院也會有財務困境。正道幾乎每一年都擔心入不敷支，許多次連營運成本也告急。每逢這些時候，歷任院長都會帶領全院迫切禱告。奇妙的是，神跡的確會發生，而且重覆發生。作為一間福音派神學院，財政也是操練靈性的方式，倚靠神來供應自己的所需。

在這些反敘事裡，若干元素或多或少可追溯到華人文化和傳統的價值觀。如上文所述，傳統中華文化是圍繞品德模式（塑造模式）。在這種模式中，教育攸關全人，不只在乎其才智，也在乎其內心、意志、靈魂。因此，正道目前的使命宣言矢志「塑造使命僕人」，正好反映這種教育精神。以華語教學，是為了中國新

移民和散居華人。全球的華人堂會都需要講華語的牧者和神職人員，華語神學院的存在，自然就回應了散居群體中不斷增長的中國新移民堂會。在華人基督教傳統中，道學碩士作為通往牧職之途的形象根深蒂固。有些華人堂會也接受文學碩士畢業生為牧者，但他們大多會被聘用為專職青少年事工、兒童事工，或是家庭事工的牧者。除了少數幾個特例，文學碩士畢業生極少成為華人堂會的主任牧師。

我無意概括或簡化中華文化的內涵，但我觀察到，華人喜歡儲蓄而非花費，第一代移民尤為如此。他們喜歡購置房產，在財務上為兒女預備，許多人也都不想負債。華人父母往往為兒女承擔大學教育的費用。當兒女年滿十八歲，父母也不會放手，不會視其為成年人。相反，在許多華人家庭中，孩子永遠是孩子——財務上亦然。正道的學生背負極少學債，不單是因為得到堂會或宗派支持，還因為中華文化本身。每一種文化都有其獨特的價值和弊端。或許一些中華文化的價值可供西方神學教育借鏡：神學教育並非個人的事，而是集體的努力。

正道為散居華人將來的神學教育開設哲學博士課程

長久以來，北美主流神學院和新教福音派神學院一直都設有哲學博士（PhD）這類高階研究型學位。然

而，當像正道這樣的散居學院也於2014年開辦哲學博士，並榮獲美加神學院校協會和西部學校和學院協會高級學院及大學委員會（WASC Senior College and University Commission）認證時，這絕非等閒。截至2020年春，在美國的亞裔和散居學府之中，正道是唯一一間授予聖經研究哲學博士的神學院。這又為西方的散居學府和亞裔神學院再提供一個反敘事。經營這學位不無挑戰，包括當中的財政成本、所需的學術資源，還須有合資格的教授任教。不過，有忠心的奉獻者為學院提供了資金。正道毗鄰富勒神學院，因而也可使用其圖書館資源。另外，正道亦從其他美國神學院禮聘備受推崇的教授作客席教授，以輔助教授團之不足。像正道這樣的散居學府，竟也能開辦哲學博士課程，實在是神所行的奇跡。

正道的哲學博士課程遵循「柏林」模式的學術熱誠，但其開辦的異象不是為要為西方形塑將來的神學教育工作者，而是要為亞裔和華裔散居群體提供神學教育。所以，正道的課程中，揉合了處境因素，與西方其他哲學博士課程有別。或許，相關的機構予以認證，也是因為這個特點。要收錄合資格的學生，仍是頗有挑戰，因為英語流利的學生都傾向入讀英文神學院。這個學位仍然較新，有待進一步發展。不過，懷著為廣大的散居華人提供神學教育的異象而成功開辦，這事仍是值得一提的，因為這學位的使命與眾不同——要為全

亞洲和全球散居華人的神學院提供下一代的師資。

在其他方面，正道也邁出與眾不同的步伐。例如，雖然學院工作的重心是預備牧職人才，但也透過「正道培育中心」（Logos Training Institute, LTI）這一延伸課程，致力教育平信徒。目前，LTI訓練大洛杉磯地區的平信徒，其線上課程則廣及洛杉磯以外的散居華人。在LTI的學生中，大約三份一的人最終都會入讀正道的學位。同時，LTI也提供非學位的補充課程，其中一個名為《Kairos把握時機》。這是一個宣教課程，類似「宣教心視野」展望課程（Perspectives Course），旨在鼓勵學生為神的使命而活。神學院為教會而存在。正道福音神學院將繼續形塑北美神學教育的現況，刻畫將來。

散居神學院的貢獻

隨著更多源於散居神學院加入ATS，這些群體所維繫的全球網路為神學教育帶來挑戰與祝福。在這一節，我將指出像正道這類散居神學院的三大貢獻；在下一節，我將指出這類神學院的三大挑戰。我相信，這些發現將有助廣大學術和教會群體反思自身的神學教育方法，同時也瞥見神正在向時闊中的神學教育施行的工作。

宣教學

ATS 在 2017 年發表了亞裔學校對等群組（Asian Schools Peer Group）的最終報告，名為《神學教育中的教育模式與做法》（*Educational Models and Practices in Theological Education*）。其中提到，「亞裔（華裔和韓裔）院校有一個顯著特徵，就是全都源於 1965 年之後的本族新移民群體。2010 年的人口普查顯示，美籍華裔有 380 萬人，美籍韓裔則有 170 萬人。」新移民堂會不但成了宗教聚會的地方，也成了保存和延續族裔及其文化的地方。由於華裔和韓裔新移民湧入，華裔和韓裔神學院在各自族裔的群體及身份塑造中發揮了重要的作用。這份報告列出了九間以亞裔為主的 ATS 院校，還有三間擁有 ATS 候選資格或是 ATS 夥伴的亞裔學校。在這十二間院校中，有九間是位於或靠近洛杉磯縣。洛杉磯坐擁 150 萬亞裔美國人，已成為「亞裔美國人的首都」。從正道的信仰角度看，洛杉磯已成為全球宣教禾場的樞紐。金門神學院從三藩市搬到洛杉磯，正是因為意識到洛杉磯是一個繁榮的宣教禾場。

美國的亞裔新移民與家鄉保持著強韌的跨國連繫，所以新移民堂會往往在美國植堂後會差派宣教士回到故鄉，以傳福音給那裡的未得之民。在美國的亞裔堂會和亞裔神學院也提供資源，然後在亞洲開辦神學院，從而為將來培訓本土的基督徒領袖。正如我在第一章

所述，正道在台灣開辦了另一間神學院，以裝備基督徒領袖，回應當地人的需要。近年，正道也開設了一個亞洲事工中心（Asian Ministry Center），專為差派教授和符合資格的校友前往亞洲，在多個地方執教。如此，就裝備了當地的華人基督徒領袖。此舉有益於他們的事工，也有益於他們建立既符合聖經又符合處境的神學教育網路。正道透過接觸散居華人，致力宣教，回應台福植堂佈道的異象。然而，台福也服事其他種族和族裔。例如，台福在中美洲墾植了一間堂會，名為「台福貝里斯」（EFC Belize），其會眾包括西班牙語和英語的當地基督徒。若干台福堂會也聘用非華裔人士來牧養會眾。

基督教在西方逐漸衰落，卻在亞洲和整個散居華人之間生意盎然。我相信，無論增加的是亞洲學生，還是中文課程，亞洲都勢將會成為一股巨浪，形塑神學教育的將來。至於是否趕上這股浪潮，就要神學院自己決定了。亞裔神學院如雨後春筍，渴望接受神學教育的中國基督徒亦急劇增加，這股宣教的浪潮必會席捲神學教育的將來。

聖靈論

一般來說，亞裔神學院不斷增加；具體到正道身上，它更是發展蓬勃。並且，兩者都彰顯了時闕中的神學

教育的聖靈工作。早在公元前900年，先知約珥已預言「耶和華的日子」：

> 以後，我要將我的靈澆灌每一個人。
> 你們的兒子和女兒要說預言，
> 你們的老年人要作異夢，
> 你們的年輕人要見異象。
> 在那些日子，連奴僕和婢女，
> 我也必將我的靈澆灌他們。（珥二 28~29）[19]

在約珥看來，在遙遠的將來，神終會將自己的靈澆灌「每一個人」。然後，約珥將這「每一個人」定義為三類人：兒子和女兒、老年人和年輕人、奴僕和婢女。終有一日，神的靈不只澆灌男性，也澆灌女性。正道支持女性事奉，既是實際地承認事奉的恩賜，亦是道德上確信性別平等。但除此之外，也是實現約珥的異象。

約珥預言的「耶和華的日子」，在五旬節應驗了。當時，說不同方言／語言的人聚集一處。他們聚集時，忽然有聲音像暴風一樣，他們也看見有舌頭如火焰降下，他們都被聖靈充滿，各自以其他人能聽懂的方言述說神大能的作為（徒二 1~11）。約珥曾預言神要將祂的靈澆灌所有人；五旬節的故事則表明，聖靈彰顯

---

[19] 按英文譯本語意，揉合和合本修訂版、現代中文譯本（2019）、呂振中譯本、思高譯本。

的其中一個表現，就是口說別的方言。神學院以學生的母語教學（無論是華語、韓語、或西班牙語），亦是聖靈彰顯的進一步例證，顯明聖靈並不歧視任何人，凡宣認耶穌為主的民都是神的子民。神的子民是如此海納百川、整全完備，由此可見，神的國是歡迎所有人的，並不分種族、族裔、語言。就此而言，從聖靈論的角度，散居神學院的存在就是一個表示接待的現象。散居神學院正在興起，神正藉此成就一件新事，並重新定義祂的子民。

處境化

我有一位華人朋友，在一間英文神學院攻讀哲學博士，主修實踐神學。一天，我詢問他的學習情況，他說他備感挫敗，但不是因為語言障礙，而是因為文化差異。他說，他的教授多數是白人，在課堂上探討事工處境時，引用的例子或個案研究基本上都來自美國的白人堂會；授課的材料也全都出於白人的視角。這位朋友是一間新移民堂會的會友，為此覺得很是困擾。他從課堂和指定讀本汲取的，並不適用於他自己的事奉處境。他的堂會是一間華人新移民堂會，會眾分為三堂，以三種不同的語言敬拜；堂會的第一、二代華人之間，有代溝和文化鴻溝。而以白人為導向的事工策略，並不適切一些異於白人範式的處境和文化。

歸根究底，我這位朋友怨言的根源，在於其神學院所教導的事工範式完全是白人的。所謂處境化，在此除了白人經驗之外沒有任何意義。甄偉尼（Willie Jennings）在本叢書的作品，正是抗衡神學教育中「以白人模式為標準模式」的情況。

這位博士生需要的是處境化，而散居群體的存在正可回應他的需要。事實上，創辦以族裔和散居群體為本的神學院時，處境化或許正是主因之一。在事奉的世界，並無放諸四海皆準的做法。入讀正道這類神學院的好處之一，就是學院能預備學生在其所屬的文化處境中更有效地服事。假如處境神學有一條公式，那就是「地方＋全球＝處境化」。[20] 例如，正道提供的課程包括「華人教會史」、「美籍亞裔事工」和其他針對華人新移民堂會之需要的實踐神學課程。學院也提供宣教和跨文化研究課程，從全球視角看神的國度。學生受教的語言，也與其將來服事的語言一致。教授團熟悉華人堂會處境，在整合事奉知識時，比來自其他文化的教授更得心應手。接受神學教育之際，正道大多數學生都建立起關係網絡，這亦將對他們將來在華人處境中的服事有所裨益。因此，對本族和散居神

---

[20] M. Thomas Thangaraj, "A Formula for Contextual Theology: Local + Global = Contextual," in *Contextualizing Theological Education*, ed. Theodore Brelsford and P. Alice Rogers (Cleveland, OH: Pilgrim, 2008), 98-107.

學院的需要，是主流英文神學院目前無法滿足的。

幾年前，我的論文導師高登基（John Goldingay）邀請我去富勒神學院的聖經座談會發表專文。該專文後來出版了，題為「從散居華人的視角閱讀約伯記」（Reading Job as a Chinese Diasporian）。[21] 會場內，有來自不同民族和族裔的學生，專注聆聽我的內容。會議結束後，有位西班牙語裔學生過來表示欣賞。他覺得，我撰寫專文的出發點雖然是作為散居華人的一員，但我探討經文與自身社會處境的交叉點時，很多內容都和他與他的西班牙語裔散居經驗有所共鳴。他正就讀富勒的西班牙語裔課程，通常以西班牙語授課。我們這二人，來自不同的族裔，屬於不同的散居群體，但卻感到心境相通、社會處境相近。處境化是一件很具體的事，但亦無須孤軍作戰。有時，連結他人的最佳方式，就是仔細留意自己本身的處境。

散居神學院和散居群體的存在，都對宣教學、聖靈論和處境化作出貢獻。這既會擴展神的國度，亦使之更為細緻。與此同時，服事散居學生群體的散居神學院，自身也面對若干挑戰。在下文中，我將從內外兩方面探討這些挑戰。

---

[21] Chloe Sun, "Reading Job as a Chinese Diasporian," in *T&T Clark Handbook of Asian American Biblical Hermeneutics*, ed. Uriah Y. Kim and Sang Ai Yang (London: T&T Clark, 2019), 295-305.

內在挑戰

散居神學院面對的內在挑戰，可以是關於教學語言、多元種族和散居學生的後代。

教學語言

一方面，母語教學的確令教育更有效率。在學習過程中，學生無須再經歷語言障礙。另一方面，不以英語教學，也帶來其他問題。正道位於洛杉磯，以華語教學，訓練華人學生服事散居華人。學生可能精通中文，熟悉華人處境，但魚與熊掌不可兼得——代價就是要犧牲學習英語和將英語融入自己事工與生活的機會。鑒於大多數新移民堂會都為下一代設有英語事工，學生英語不好就會限制他們實際的事奉。越來越多新移民堂會都以英語召開同工會、寫會議記錄，因為堂會的英語牧者不諳中文。蹩腳的英語還令學生難以融入廣大的美國社會。話雖如此，但入選美國神學學府的國際學生或新移民學生，其實大多無意融入美國社會，只想服事當地的本族教會。

另外，像正道這樣的神學院，要聘用符合資格的雙語教授也極其困難。由於所有教授都必須同時掌握華語和英語，不諳華語的申請人就自動不合格了。主流神學院的職位僧多粥少，正道卻常常是有空缺而無法填補。

至於研究和出版，正道的大多數教授都以中文出版著作，回應全球華人基督徒的需要。然而，英語世界卻對這些出版一無所知，從而可能留下印象，以為華語神學院我行我素，或在自己的族裔和神學小世界裡固步自封，又或認為華人出版的東西與廣大學術世界毫不相干（尤其是英語世界）。正道教授團的著作也許是回應華人教會和神學群體，但仍有更大的挑戰：要與主流學術界有所關聯。既然正道位於北美而非亞洲，其主流學術界就是英語的。面對這個挑戰，唯一的辦法似乎就是鼓勵教授以中英雙語出版，以便作品能見於更大的教會和學術群體，與之相連。然而，不是所有教授都有時間和精力以雙語寫作。

　　最後，確立以華語教學，還會締造一種文化，寧願犧牲多元而兼容的基督徒身份，也要強化華人身份。神的子民是包括所有種族、族裔和語言。神的國本質上就是全球的，但當我們局限以某一種語言教學，便傾向在實際上，甚至在概念上，限制這個特質——這同樣也見於英語教學——神的國並不只屬於說英語的人，也不只屬於說華語的人，而是屬於來自各族、說各種方言的人。因此，在以華語教學和表達神國的多元與全球本質之間，便存在一種張力。語言多樣的神學教育，是一個值得追求和擁抱的目標。我將在下一章進一步探究這個問題。

多元種族

以本族語言教學，有若干限制。隨之而來的，就是多元種族的問題。正道的文化根基，源於洛杉磯地區的台灣新移民。在其開首的二十年中，學院一直致力穩步促進多元文化。正道前教務長陳愛光牧師如此梳理這個發展：[22]

年份	正道福音神學院的文化里程碑
1989	台福神學院成立，以台語教學；全校師生均為台裔
1994	首位非台裔學生入讀（來自中國）
1995	首位非華裔學生入讀（一位韓國人）
2002	首次為美籍亞裔提供英語課程
2005	首次要求不曾以英語獲得學位學生的託福（TOEFL）[23] 成績
2007	調整學院中文校名，由「台福」改為「正道」
2008	首位非華裔教授獲聘加入（一位美國宣教士）

圖表 2.3: 正道福音神學院的多元狀況（1989—2008）

教授團在 2011 年迎來最多元的一刻。這年，學院再增聘一位非華裔教師，他也是一位美國宣教士。此外，

---

[22] 陳愛光，〈更豐富的群體：正道文化多元化〉，《標竿正道》，80-81。
[23] 托福（TOFEL），全稱為「檢定非英語為母語者的英語能力考試」（Test of English as a Foreign Language）。

在 2013 年和 2014 年，還有兩位生於中國、長於中國的教授加入正道。在 2019 年至 2020 年間，非華裔教授在正道的佔比為 15%。如此看來，學院已有長足進步，不過仍可在種族和文化上更為多元。

關於正道的多元性，陳愛光十年前曾列舉三大挑戰。他提到（1）學生的多元性似乎已出現平原效應；（2）正道仍然以華裔為大多數；（3）邁向雙語的進度緩慢，因為缺乏資源來建立中英雙語的雙軌課程。[24] 陳氏的這篇文章距今已有十年，正道學生具中國背景者仍超過 60%。在正道的頭二十年裡，70% 的學生都來自台灣或是台裔，現在，中國背景的學生則成為大多數。時至今日，正道仍然以華裔為主，但鑒於早前曾有兩位美國前宣教士任教，也不全是華裔（雖然其中一位已於 2019 年 7 月離職）。

多元的語言和族裔對正道的*內部* 也很重要。學院致力預備學生投身新移民華人堂會和跨文化宣教，兩者都越趨雙語，甚至三語。雖然正道內部不太多元，但也像所有散居神學院一樣，因其自身的族裔相對同質，而更加貢獻於廣大神學教育界之多元。然而，散居神學院內部也很需要多元化；如此，學生才能向不同種族、族裔和文化的師生學習。

---

[24] 陳愛光，〈更豐富的群體〉，83-84；略作修改。

下一代

正道以華語教學,而且大多數學生都是新移民或國際學生。這些學生作為第一代,講華語,但第二代華人群體卻講英語。於是,兩者之間便存在鴻溝。大多數美國的華人新移民堂會都不只一堂崇拜。第一代新移民的子女往往參加英語崇拜,以英語敬拜。他們的父母作為第一代,則往往參加華語、台語或粵語崇拜。適應華人新移民堂會的處境時,正道大多數的畢業生都會有困難的時候,尤其是難以融入英語會眾。這不只是語言的差異,還是文化的差異。以食物為例,第一代華人新移民習慣以豬腳入饌,認為肥厚的豬皮很有營養,富含膠原蛋白。然而,他們的子女作為第二代卻會認為這「非常冒犯」。如果一間神學院只說一種語言,學生只在單一文化的處境中學習,學生將來如何接觸那些講英語、文化相異的移民二代或三代呢?

外在挑戰

在這一節,我們將探討兩個影響散居神學院的外部因素:中國的政治氣候和其他華語神學院的興起。

中國因素

正道福音神學院有大量學生都是持中國護照的。因此,當中國的政治和規定不斷改變,就直接影響正道的

招生。近年來，半數取錄的中國學生被拒簽的情況已多次出現。中國自 2018 年以來就不斷收緊宗教政策，「中國因素」也就決定將來可否以中國為學生的來源。同時，這個因素亦會影響將來招收中國學生的策略。像正道這樣的散居神學院，或許無法再以中國大陸的學生為學生主體，可能必須求諸別處，或善用線上課程。

其他華語神學院的興起

正道是一間新興的神學院，面對時閾中的神學教育所帶來的挑戰和機遇，正道在其中蓬勃發展。在華語教學的神學院中，正道開創獲得 ATS 認證的先河，但並非後無來者。越來越多華語神學院陸續成為 ATS 的成員院校。此外，在加州和美國其他地方的英文神學院也陸續開辦新的中文課程，例如達拉斯神學院（Dallas Theological Seminary）、歌頓-康維爾神學院（Gordon-Conwell Theological Seminary）、美中西浸信會神學院（Midwestern Baptist Theological Seminary）全都有中文課程。隨著基督教在中國的興起，這個趨勢很可能會歷久不衰。

即使單單看洛杉磯，除了正道之外，至少還有六間華語神學院或有中文課程的神學院：北美中華福音神學院、北美真道浸信會神學院（Truth Theological Seminary）、普世豐盛神學院（Global Enrichment Theological Seminary）、中華歸主趙君影神學院（Chinese for Christ Calvin Chao Theological Seminary）、普世豐

盛生命中心（Global Life Enrichment Center）和金門神學院。富勒神學院的中國計畫也旨在將來設立一整個中文課程。若放眼北加州，也有幾間華語神學院，包括基督工人神學院（Christian Witness Theological Seminary）、基督領袖學院（Christian Leadership Institute）和睿理文神學院（Relevant Theological Institute）。在紐約的法拉盛區（Flushing），信心聖經會（Faith Bible Association）也有提供課程，頒授學位。在加拿大東岸，天道神學院（Tyndale Seminary/Tyndale University College & Seminary）提供中英雙語的中文課程。[25] 在西岸，克理威廉神學院（Carey Theological College）亦有華語和粵語雙軌授課的中文課程。

華語神學院和課程「多如密雲」，[26] 在北美經營華語神學院或中文課程挑戰極大。鑒於這種「良性競爭」，每間學院嘗試在時闊中提供適切的神學教育時，提供更好和更有效的教育，便是成敗的關鍵。

總結與反思

在本章中，相對於神學教育的常見敘事，我指出了正道故事如何在七方面成了反敘事。於北美和全球

---

[25] 加拿大中文神學院（Canadian Chinese School of Theology at Tyndale Seminary）與天道神學院合辦。
[26] 援引希伯來書 12: 1，按英文語意，在此採「呂振中譯本」的譯文。

的神學教育格局而言，這些都是時代的徵兆，標明散居群體和散居神學院的確存在，並為神的全球教會塑造基督徒。神學教育並不囿於西方那些以黑白對立為基調的主流敘事。相反，有大量來自各族裔、散居的、跨國族的學生，正在外面為神國而工作。他們就在眼前，但卻毫不起眼。正道扎根美國已有卅載，一直致力轉化美國和全球的華人基督教。在美國，越來越多新移民和散居者歸信基督，因而締造新的牧養需要，急需新移民和散居的堂會和牧者。像正道這樣的散居神學院，其影響力似乎在主流文化中毫不起眼，但在神的眼中明明可見。

　　我相信，關於神學教育，正道和其他散居神學院有話可說。如果教育的塑造模式被視為基督教高等教育中的一個重要轉變，也許西方可以向東方和正道這類院校學習，因為後者自創校之初，便以塑造模式為其教育理念的核心。正道將靈命塑造放在首位，要歸功於劉富理的神學教育理念。他的理念形塑了碩士級的課程設計和課外活動，例如每週禱告會和禁食等等。在華人基督教屬靈傳統和亞洲的其他華語神學院，這些屬靈操練早已根深蒂固。正道對塑造模式的重視，或許能供其他神學院借鏡，審視自己的長處與局限。例如，學生若住在神學院宿舍，就會以群體的方式學習與其他學生及其家人相處。在親密的群體中共同生活，有助學習培養人際關係的能力；這是課堂教育無

法提供的。然而，生活在緊密的華人基督徒群體，或會妨礙學生向更大的跨文化環境學習，從而限制他們接觸其他種族和文化的機會。

專注塑造僕人而非領袖，或會令人探問神學教育的目標。如果神學院校的目標是塑造將來的領袖，我們就需要釐定這些領袖的品質和品格特徵。我們是要塑造只領導而不服事的人，還是只服事而不領導（或無法領導）的人，亦或是既領導又服事的領袖？同時，我們如何才能塑造僕人領袖，不因傲慢而無法服事，也不因怯懦而無法領導？

如果教學語言是一個工具，為要讓所有人認識神，我們應否厚此薄彼？在神學教育的全球處境下，應否有更多以西班牙語、韓語、粵語，或越南語教學的神學院呢？所有語言的出版物豈不都應該受到歡迎和稱讚嗎？

在正道，道學碩士地位特殊，招生時亦謹慎評估申請人是否適合。這反映正道堅決委身於形塑將來的牧者，而非只是各種事工裡的普通基督徒事奉者。雖然神學教育的做法正在經歷許多變化，但若干基本的核心價值和做法仍經得起時間的考驗。我們深信，全時間牧職的呼召是神聖的，神學院校和教會群體均予以認可和支持。

礙於神學信念和宗派傳統，支持女性事奉和領導的新教福音派神學院並不多見。正道認為男女在事奉

中是平等的夥伴,這模式反映學院對聖靈的帶領持開放態度,也反映學院秉持神國乃兼容並蓄的看法。對於其他新教福音派神學院、亞洲和美國的亞裔堂會,這個反敘事大膽指出何謂在父權處境活出福音。

在西方,神學教育的成本越發成為個人的責任;相對之下,華人的文化始終是群體的;在財務上亦然。正道的學生有許多獲得經濟支持的機會,包括台福總會,他們自己堂會所屬宗派或堂會的宣教部,甚至是親朋好友。在華人基督教處境中,入讀神學院和投身服事都被視為更高的呼召,值得群體支持。將神學教育視為群體的努力而非個人事務——或許西方也可考慮一下箇中的好處。

最後,為了散居華人之神學教育的將來,正道開設了哲學博士科。這或會鼓勵更多神學院放眼將來的世代,而非只關注這一代的學生,也鼓勵更多學校投身於既全球又處境化的神學。

透過這些反敘事,正道有所貢獻,以推動進一步的討論。越來越多的亞裔神學院成為 ATS 的成員院校,又有更多神學院開設自己的中文(或其他語言的)課程。顯然,散居神學院必將越加重要。在神國的宏大敘事中,來自不同支派、種族、族裔、語言的人都將一同成為同一子民,如同〈啟示錄〉七 9~10 所展望的。因此,神學教育的目標必須包括塑造學生有這視角,共同建立一個「合一而多元,多元而合一」(diversity in unity, unity in diversity）的教育模式。在神的心裡，多元非常重要。只要不犧牲多元，在神學教育的將來，散居院校和族裔為本的課程絕對有一席之地。在散居的處境下，究竟何謂多元？我們將在下一章為多元重新定義。

第3章
在散居中重新定義多元

　　幾年前，一位在 ATS 聯絡處服事的美籍非裔教授來正道作重點訪問。由於我們的使命宣言提及鼓勵多元化，他便問我們，像他這樣的人能否入讀正道，暗示「多元化」便應該意味著他這樣的人可以。我們的回覆是，我們所說的「多元化」是華人處境下的多元化。換言之，無論任何種族、階層、性別，只要*懂華語*，我們都歡迎；而華語是華人的通用語（也是世界上最多人使用的語言，是跨國境、跨族裔的語言）。在美國的文化處境中，若有學校以華語教學，而學生又以華人為主，很自然便會覺得它似乎並不多元。但在正道福音神學院的全球處境中，華語的使用實際上正是超越種族和族裔的，因為學院歡迎*任何種族和族裔*的人作為一個全球的群

體而一同學習。簡而言之，對多元化的理解，取決於個人的文化處境。

按照人口統計學家的預測，在 2040 年，美國的有色人種將會多於白人。[1] 像正道這樣的散居神學院不斷興起，時闊中的神學院不斷增辦中文課程，神學教育的做法亦會越趨多元化和多樣化。隨之而來的，便是每間神學院都需要擁抱多元化，而且按照自身的使命和社會定位來將之重新定義。

在本章中，我們探討《聖經》，從而發現神是偏好多元而非同質，偏好多樣而非單一，亦偏好紛繁複雜之中的合一（unity in multiplicity）。與此同時，既是同質，而又保有特殊的共同群體，亦有其位置。當神的國充份實現時，將包括所有民族、支派、族裔、語言和文化。然而，我們暫時仍處於「已然 - 未然」的階段，還需在多元、公義和合一之間掙扎。本章將綜觀由巴別塔到啟示錄的經文，探討箇中的散居、語言和文化概念，繼而按照正道福音神學院的特殊性，重新評估我所理解的多元化。如下文所述，正道福音神學院的存在，很大程度上，是因為來自華人分散世界各地。但無論華人為何分散──無論是從中國到台灣，亦或從中國一路直達美國──我仍視分散為實現神國

---

[1] Daniel O. Aleshire, "Gifts Differing: The Educational Value of Race and Ethnicity," *Theological Education* 45, no. 1 (2009): 1.

度的方式，聖經時代或現在，都是如此。因此，分散有助於神使命的宏大敘事。

　　2019年，正道福音神學院建校三十載。為回應新時代，時任正道院長的林國亮牧師帶領全校師生重溫了學院的使命宣言。神學院的主要持份者都參與其中。我們探討了許多問題，尤其討論應否將靈命塑造列入使命宣言，因為靈命塑造自建校以來就一直是學院獨特的重點。我們還探討了應否將學生的全人塑造也寫入使命宣言，因為之前的使命宣言提到了神學院矢志從四方面裝備學生：靈命塑造、學術優異、事奉能力、敬虔生活。最後，我們的探討歸結到一個問題上：使命宣言應否有「華人」（Chinese）一詞？若包含「華人」一詞，雖然能表明正道作為一間散居神學院的特點，但似乎也限制了學院的使命，因為正道的使命畢竟是全球的。若將「華人」這個族裔標籤包含其中，雖突出了正道有別於其他美國神學院，但似乎又否認了種族和族裔的多元化，也有悖於正道的宣教和全球之志。應否將「華人」一詞寫入新的使命宣言？正道領導層和教授團爭論了數月之久，直至院長提請校董會議決。經過深思熟慮，校董會決定從使命宣言刪去「華人」一詞，從而完全支持正道的全球使命。因此，從正道福音神學院和其他散居神學院的存在，可知多元化概念急需重新定義。

巴別塔的多元語言

在探討聖經對語言和多元化的觀點時，我們總會想起巴別的故事。語言多樣，究竟是福是禍？神究竟是否喜悅多樣化的語言？對神學教育的將來而言，分散又有何意義？帶著這些問題，讓我們重新審視〈創世記〉11章1~9節中，巴別塔的故事：

> 那時，天下人的口音、言語都是一樣。他們往東邊遷移的時候，在示拿地遇見一片平原，就住在那裏。他們彼此商量說：「來吧！我們要做磚，把磚燒透了。」他們就拿磚當石頭，又拿石漆當灰泥。他們說：「來吧！我們要建造一座城和一座塔，塔頂通天，為要傳揚我們的名，免得我們分散在全地上。」耶和華降臨，要看看世人所建造的城和塔。耶和華說：「看哪，他們成為一樣的人民，都是一樣的言語，如今既做起這事來，以後他們所要做的事就沒有不成就的了。我們下去，在那裏變亂他們的口音，使他們的言語彼此不通。」於是耶和華使他們從那裏分散在全地上；他們就停工，不造那城了。因為耶和華在那裏變亂天下人的言語，使眾人分散在全地上，所以那城名叫巴別。

對於巴別塔的故事，有林林總總的詮釋。有些學者認為，經文是描述不同文化和語言的起源；有些學者則認為，紛繁複雜的語言是神對人類之傲慢或罪的

懲罰。² 相反，也有學者認為，語言的多元正正反映了神偏愛多元化。³ 又有些學者採取意識形態上的詮釋，將故事解讀為一段反對巴比倫帝國的文本，從而亦反對像美國這樣的當代帝國。⁴ 也有些學者將「不同語言之民分散各處」詮釋為咒詛，並將五旬節事件（在此，人們口說不同的語言但能彼此明白）視為巴別塔的解藥或救贖。⁵ 還有些學者從更宏大的處境理解，視之為神的形象散落各地，並透過以色列的揀選而恢復這形象。⁶

---

² 如 Allen P. Ross, "Studies in the Book of Genesis: Pt 3, The Table of Nations in Gen 10—Its Content; Pt. 4, The Dispersion of the Nations in Gen 11:1–9," *Bibliotheca Sacra* 138, no. 550 (1981): 119–38; Eugene H. Merrill, "The Peoples of the Old Testament according to Genesis 10," *Bibliotheca Sacra* 154, no. 613 (1997): 3–22。

³ 如 Bernhard W. Anderson, "Unity and Diversity in God's Creation: A Study of the Babel Story," *Currents in Theology and Mission* 5, no. 2 (1978): 69–81。

⁴ 如 Eleazar S. Fernandez, "From Babel to Pentecost: Finding a Home in the Belly of the Empire," *Semeia* 90 (2002): 29–50; Hinne Wagenaar, "Babel, Jerusalem and Kumba: Missiological Reflections on Genesis 11:1–9 and Acts 2:1–13," *International Review of Mission* 92, no. 366 (2003): 406–21。

⁵ 如 Neal Blough, "From the Tower of Babel to the Peace of Jesus Christ: Christological, Ecclesiological and Missiological Foundations for Peacemaking," *Mennonite Quarterly Review* 76, no. 1 (2002): 7–33; David Smith, "What Hope after Babel? Diversity and Community in Gen 11:1–9; Exod 1:1–14; Zeph 3:1–13 and Acts 2:1–3," *Horizons in Biblical Theology* 18, no. 2 (1996): 169–91。

⁶ 如 John T. Strong, "Shattering the Image of God: A Response to Theodore Hiebert's Interpretation of the Story of the Tower of Babel," *Journal of Biblical Literature* 127, no. 4 (2008): 625–34。

秦朝是古代中國歷史上的第一個王朝。秦朝的故事和巴別塔故事有異曲同工之妙。秦朝相當短命，只持續了十五年，從公元前221年到前206年，但其對中國後世的文化影響深遠。秦始皇（即「第一位皇帝」）最有名的是他真人般大小的兵馬俑，於1974年在西安出土。這些地下的兵馬俑反映了秦始皇的野心，連死後也想建立一個帝國。秦始皇的另一項豐功偉績，就是以一種語言、一種文字統一中國——華語。[7]當時，中國分為許多省份，各省都有各自的方言。當語言和文字統一之後，就增強了商業和政治的發展，從而永遠地改變了中國的生活。秦始皇強迫各地學習同一語言和文字，意圖藉此建立一個帝國。他認為，若一個國家之內，有多種語言並存，便會阻礙集權和統一。最終，他武力征服全境，又推行改革，採用劃一的貨幣和度量衡，確立單一的書寫體系，從而統一中國。[8]

表面上，秦始皇的中央集權確實鑄造出大一統。但這種強迫的大一統也削弱了境內的多元化。他有一個潛在的前設（後世許多人亦然）：多元化會削弱中

---

[7] 編注：現代華語（Mandarin）不是文字，而是口頭語音，源自北方官話，是中古漢語的分支。一般考據可追溯至元代周德清《中原音韻》所載的近代音，亦有考據指可上溯至遼金疆域之中。無論何者，皆非秦皇勒令的文字，亦與秦漢時期的上古漢語相去甚遠。參 Zhongwei Shen, "The Origin of Mandarin," *Journal of Chinese Linguistics* 39, no. 1 (Jan 2011): 1-31. 在中國大陸對普通話的定義中，包括語音、文字與文法三個部分。

[8] 見維基百科，〈Qin Dynasty〉（秦朝）條目。下載自 https://en.wikipedia.org/wiki/Qin_dynasty（2020年2月22日）。

央集權,進而導致不統一。秦始皇矢志統一中國,這反映了他獨攬大權的意圖。如此的政治統一,勢必破壞文化上的多元和創意。於是,不同語言的人民也成了秦始皇統一中國的阻礙。秦始皇的野心就像巴別塔那些人的野心,後者想建造一座城和一座塔,以防止他們分散。他們思維的核心和秦始皇一樣,都是透過強制的統一來管轄與統治。秦始皇雖已死去,但他對權力的渴求,透過集體埋葬的兵馬俑,昭彰於世。

基於巴別塔和秦始皇的故事,到底不同的語言是否咒詛嗎?中央集權有何問題呢?神不喜悅統一嗎?為充分理解〈創〉十一章的巴別塔故事,我提議我們將之對照〈創〉十章的列國表(the Table of Nations)和〈創〉十二章 1~3 對亞伯拉罕的呼召一同思想。

如以下圖表 3.1 所示,〈創〉十一 1~9 和〈創〉十都共有若干關鍵字,似乎兩者文本互有關聯:

關鍵字	〈創〉十章	〈創〉十一 1~9
示拿(Shinar)	十 10	十一 1
分散(putz)	十 18	十一 4, 8, 9
建造(banah)	十 11	十一 4, 5, 8
地(eretz)	十 5, 20, 31-32	十一 1, 8, 9
語言/方言/嘴唇(lashon)	十 5, 20, 31	十一 1, 6, 7, 9
名/閃(shem)[9]	十 1, 21, 22, 31	十一 4, 10, 11

圖表 3.1〈創世記〉十章和十一 1~9的常見詞彙

---

[9] 希伯來文的「名字」與「閃」為同一字。

在〈創〉十至十二章，分散和聚集的概念一直是主導的文學設定和神學主題。人類在地上分散，包含在神對挪亞和他三個兒子的吩咐之內：「你們要生養眾多，遍滿了地。」（創九 1）這個吩咐，亦重申了神在創造人類時的命令（創一 28）。從這個更宏大的框架再讀列國表，人類的分散就似乎不是神審判的後果。相反，這自始至終都是神的心意。分散就必然是多元、紛繁複雜、當地的；這些都源自神的創造——人類被分為各自的族裔，每個群體都有自己的語言和文化——這些群體的分散，成為傳揚神國的預工。另外，在早期教會，我們也看到人們因逼迫而分散，但這也令神的國擴張。為神國分散，是一個廣泛的過程；正道福音神學院作為在美國的華裔散居神學院，其存在可被理解為這分散中的一員。

由於政治和經濟原因，在二十世紀初，許多華人分散到世界各地。自始，華人就遍佈了地球的各個角落。因此，散居華人中的華人也在文化和語言上極為多元，無以復加。新馬華人就迥異於中國或台灣的華人，無論在民族歷史、文化、膳食、語言上皆是如此。例如，許多新加坡華人都講新加坡口音的英語，他們將華語和英語混合，形成了他們自己的「新加坡英語」；英殖統治也令新加坡人與西方世界緊密連繫。相對而言，馬來西亞華人則往往是多語言的，他們懂得華語、粵語、馬來語、馬來西亞英語。由於祖上是從中國遷徙到馬

來西亞，馬來西亞華人的後代在身份認同上多有掙扎。因為他們既不是生活在中國的「真正」中國人，也不是只屬馬來西亞一國的本地馬來人。其實，中國本土的華人也是極為多元的，因為中國約有三十個省份，每一個地區的人都對自己的文化和方言引以為傲。省與省之間，族裔也不盡相同。所以，在中國人當中有上海人、福建人、客家人、山東人、廣州人等等。因此，我們可以說，華人本身就是多元的。

膳食的差異反映更大的文化差異。北方的中國人偏愛麵條和餃子，南方的中國人則以稻米為主食。台灣華人也相當複雜。有些人是二十世紀中葉從中國遷徙到台灣，而那些生於台灣的華人也不被視為本土台灣人。台灣還有一些原住民，其外貌、文化、語言皆迥異於一般理解的「華人」。同樣，雖然正道在種族上*似乎*是同質的（大多數教授團、職員和學生都是華人），但學院內也有不同的族裔、文化、方言；因此，其實是相當多元。

〈創〉十至十一章並不是故事的結束。神呼召亞伯拉罕離開閃地的吾珥，以致藉著亞伯拉罕使「地上的萬族都要⋯蒙福」（創十二 3）[10]。神肯定了在一個人身上的聚集，又透過此人，期望再一次各家族的分散。但這次是為了祝福各家族。就此而言，〈創〉十章中

---
[10] 按英文引文語意，改「萬族」為「各家」（families）。

挪亞家族的分散，其*根本目的* 就是打算藉亞伯拉罕祝福地上的各家族。由此，聚集是為了分散，分散是為了祝福普世。自創世以來，神的心意就一直是要祝福。

透過這個更宏大的祝福和咒詛的語境，我們再回頭解讀〈創〉十至十一章。巴別塔的故事展現了罪如何每況愈下，這是昭彰於人的聚集，而非分散。在分散時，人是作為神形象的載體，充滿大地，並代行神的統治之權。換言之，巴別塔是與神創造的心意相對。人類聚集並使用單一語言，這本身不是罪；罪是在於高舉以人為中心的意圖。這個以人為中心的意圖，體現於巴別塔的人身上。他們嘗試揚名立萬，建立一座城和一座塔，想藉此避免分散。先知西番雅在異象中看到將來的終末，萬民都以清潔的言語，求告耶和華的名（番三 9）。他如此描繪聚集，反映一個理想的將來。屆時，人類將異口同聲地傳揚神的名──而不是傳揚自己的名，像他們在巴別塔的時候，只想為自己揚名立萬一樣（創十一 4）。因此，語言在巴別塔故事中變得多元，這不是咒詛的結果，而是擴張神國的方式。

語言多樣的案例

在挪亞三個兒子身上展現的多元種族和族裔，可以看出神是偏愛多元而非同質。如果世界是神的殿，

神也會想自己的統治到達全地的各個角落。祂想要自己的形象遍滿地面，從而亦讓祂的知識遍滿全地。當人類分散而遍滿地面時，這就是推進其統治的第一步。然而，北美的神學教育由英語主導，而德語和法語等歐洲語言則是神學研究的門檻，備受推崇。反觀西班牙語、華語或韓語等語言，雖然未被明確稱為「次語言」（sublanguages），但事實上的確如此。有時，主流群體（英語群體）評斷其他群體（例如新移民）的學術水準時，考慮的是他們英語的口語和書寫能力，他們能否服膺美國人的英語口音和遣詞用字，以及他們是否以西方的方式和修辭來思考和辯證。在學術界、課室、社交場合，主流群體的優越感都明明可見。語言與文化和權力密不可分，既然英文在北美主導，便可知主流文化之所在、權力之所在。關於語言的政治，美籍印尼裔學者圖帕馬胡（Ekaputra Tupamahu）曾提出「英語去殖化」，指人應該拒絕服膺主流殖民的語言，並拒絕將英語說得像母語一樣。他研究的精髓，正是在於語言與權力之間的直接關聯。[11]

雖然大多數華人都講華語，但由於社會定位、文化、經歷各異，許多人都能講兩種、三種，或更多的語言。例如，有些華人能講華語和粵語，又有些華人能講數

---

[11] Ekaputra Tupamahu, "Contesting Language(s): Heteroglossia and the Politics of Language in the Corinthian Church" (PhD diss., Vanderbilt University, 2018), ii.

種亞洲語言，如華語、粵語、馬來語、福建語等等。我的父母能講華語、粵語、越南語，他們的人生也混合這三種文化。許多台灣人都講華語和台語。在中文諸語裡，華語（Mandarin）是最普及使用的，而不同國家的華人對其有不同的稱呼，這最能說明文化與語言的相互關係。新加坡人稱之為「華文」，台灣人稱之為「國語」或「華語」，中國人稱之為「普通話」。三者意思相同，用詞各異。單憑一個人對"Mandarin"的稱呼（用他自己的語言），便已揭示此人來自何方、屬何文化，或更加認同何種文化。因此，當一位華人面對另一群華人，選擇後者對"Mandarin"的慣常稱呼時，就反映了這個華人對後者文化和身份認同的尊重，甚至是認同。

華人基本上是一個種族，但卻是多種語言、多種文化的；而美國人基本上是單一語言，但卻有許多種族。每個文化各自都是多元的。神的國更是涵蓋所有的民族和多樣的語言。主流群體和少數群體都同屬神子民的一員，無分優劣。

另外，一個種族可被視為同質，但一種語言亦似乎毫不多元。華人基本上是一個種族，但卻是多種語言、多種文化的；而美國人基本上是單一語言，但卻有許多種族。大多數新移民堂會都是雙語，甚至是三語並行；美國堂會的會友雖然來自許多種族，但通常只有一種語言。大多數美國人只有一個故鄉，散居的華人則往

往有許多個故鄉。可以看到，每個文化其實各自都是多元的。但神的國更是涵蓋所有的民族和多樣的語言，主流群體和少數群體都同屬神子民的一員，無分優劣。所以，不同的文化，有不同的多元化。

神學教育需要反映這種多元化——不單為了遷就學生，更為了真正認識神。神學教育既然是神學（theological）的教育，必然是圍繞對神的研究。在拉丁文中，*theo* 的意思是神，而 *logos* 則是「對……的研究」。所以，認識神是神學教育的目的、目標和意義之一，甚至是唯一的目的。巴刻（J. I. Packer）在其發人深省的著作《認識神》（*Knowing God*）中，區分了「知道神」（knowledge about God）和「認識神」（knowledge of God）。他指出，若要從知道神轉變為認識神，就必須將所學到的有關神的真理，全數成為在神面前的默想，從而發出禱告和讚美。[12] 因為唯有當對神的認識遍及世界每個角落，神的統治才能實現。萬民都是按神的形象被造的，萬民都是挪亞兒子和媳婦的後代——正如〈創世記〉十章所描繪的，他們以自己的語言和疆界遍佈世上。因此，神的形象涵蓋所有種族、族裔、語言的人。沒有任何一個種族或族裔可以聲稱只有自

---

[12] J. I. Packer, *Knowing God*, twentieth anniversary ed. (Downers Grove, IL: InterVarsity, 1993), 23. 中譯請見巴刻著，《認識神》，尹妙珍譯，增訂版（香港：福音證主協會，2016）。

己才反映神的形象，或只有自己的種族才認識神。

如果神學教育的根本目的是要認識神，所用的語言就只是手段與過程，而非目的本身。以不同語言教學的散居神學院和本族神學院（無論是華語、粵語、韓語、還是西班牙語），反映了一群多元文化的人以各自的母語學習和教導，以便把對神的認識帶給自己的同胞，從而讓他們都成為神的代表，並將神的形象散播到世界的各個角落。按照這種神學理解，散居神學院或以族裔為本的課程並非 ATS 學府和廣大神學學院的邊緣份子，而是反映了神學教育的全球視角。有些人視那些歐洲本位的主流新教神學院為神學教育的中心，他們倒可能不知不覺地成了「新巴別塔」。多樣語言在神學教育中並存，恰恰反映了神子民之寬闊，這是應該鼓勵的，而非備受主流語言或種族所壓制或馴服。誠然，一個共通語言可以有助不同語言之間的溝通，但它不應等同於世上「最佳」或最強大的語言。相反，它應該是一種通用語（lingua franca），是傳遞知識的媒介，而非支配他人的工具。語言反映多元和文化，因此，讓多樣的語言並存於神學教育中，就容讓一種文化可向另一種文化學習。在神學上，這不單是美德，更是必須，因為這肯定了神國的紛繁複雜又兼容並蓄。

由亞伯拉罕到五旬節

〈創〉十一章以閃的家譜作結，閃是挪亞眾子中被揀選的那一位，因為亞伯拉罕是由閃而生。閃的後裔各隨自己的宗族、語言、土地、民族，分散在美索不達米亞地區（創十 31）。由此，神再呼召亞伯拉罕，前往祂將要指示他的地方。神對亞伯拉罕說：

> 「你要離開本地、
> 本族、
> 父家，
> 往我所要指示你的地去。
> 我必叫你成為大國。
> 我必賜福給你，
> 叫你的名為大；
> 你也要叫別人得福。
> 為你祝福的，我必賜福與他；
> 那咒詛你的，我必咒詛他。
> 地上的萬族都要因你得福。」（創十二 1~3）

神呼召亞伯拉罕，藉此介入並改寫了人類歷史。自始，這短短三節經文就重塑了人類歷史的走向。有些人認為, 這三節是《舊約》的中心。例如, 莫伯利 (R. W. L. Moberly) 在其著作《創世記的神學》（*Theology of the Book of Genesis*）中，認為神在〈創世記〉十二 1~3

保證祝福亞伯拉罕，就是詮釋整個《舊約》的關鍵。[13] 舊約學者兼宣教學家萊特（Christopher J. H. Wright）認為〈創世記〉十二 1-3 是一處「關鍵經文」，是詮釋神之宣教宏大敘事的關鍵，而且《舊約》的整個宣教敘事都是關於神的祝福怎樣由亞伯拉罕澤及列邦。[14] 神呼召亞伯拉罕，打算藉亞伯拉罕使地上的萬族蒙福（創十二 3），亦即讓他們認識神。在〈創〉十章裡分散的萬族，因亞伯拉罕的呼召而重新連結。從亞伯拉罕身上，我們看見神的新子民。這種新的聚集，與巴別塔的聚集形成鮮明的對比。巴別塔的人想為自己揚名立萬，但使亞伯拉罕之名尊大的，卻是神自己（創十二 2）。

這位神是既賜福又咒詛的神。站在亞伯拉罕一邊的人必蒙祝福，輕看他的就必受咒詛（創十二 3）。在聖經的宏大敘事中，分散和聚集各自有其位置。藉由亞伯拉罕，地上的所有宗族都要得福。所謂「這些宗族」，既是指向上文〈創〉十章裡，挪亞三子的各族，亦是指向將來神子民的各族。透過一個人（聚集），地球村中的所有宗族（分散）都將得福。環顧今日散

---

[13] R. W. L. Moberly, *The Theology of the Book of Genesis*, Old Testament Theology (New York: Cambridge University Press, 2009), 141-156.

[14] Christopher J. H. Wright, *The Mission of God: Unlocking the Bible's Grand Narrative* (Downers Grove, IL: InterVarsity, 2006), 194-221. 中譯請見，萊特著，《宣教中的上帝》，李望遠譯（台北：校園書房，2019）。

居華人和散居西班牙語裔的情況，便可見分散的結果：今地球村的基督教正在變黃、變棕。

巴別塔眾人分散，令語言變亂，也導致亞伯拉罕蒙召，進而成為地上萬族的祝福。然而，故事還未結束。兩千年後的五旬節，當猶太人和外邦人聚集在一處（徒二 1），就陡然出現新發展。神學家甄偉尼稱這事為「革命的震央」和「親密關係的革命」（the revolution of the intimate），因為神的靈忽然臨在。[15] 就在那時那地，出乎意料的事忽然爆發：「五旬節到了，門徒都聚集在一處。忽然，從天上有響聲下來，好像一陣大風吹過，充滿了他們所坐的屋子，又有舌頭如火焰顯現出來，分開落在他們各人頭上。他們就都被聖靈充滿，按著聖靈所賜的口才說起別國的話來。」（徒二 1~4）。

在五旬節那天，在風、火、響聲的伴隨下，發生了一次神顯（theophany）。這件事令人聯想到西乃山上的神顯——當時，神降臨到山上，有煙氣上騰，如熔爐的煙一樣；山劇烈地震動，號角之聲越來越響亮，神的聲音像雷一般（出十九 18~19）。這次在五旬節降臨並充滿在場人士的，是聖靈。「舌頭如火焰」降下，表明這是一次神顯（賽五 24~25；三十 27~30）。這次，是顯明於人怎樣說著別種語言，而所有人都能明白彼此。甄偉尼生動地描述了這種說別種語言的情況，「這是神

---

[15] Willie James Jennings, *Acts: A Theological Commentary on the Bible* (Louisville: Westminster John Knox, 2017), 27.

的觸摸,掌握著舌頭和聲音、思想、心靈和身體。這是一次聯合——前所未有、出乎意料、未被期待,但又是完完全全的聯合。」[16] 門徒期待神的大能降在他們身上,卻也驚訝可以說出彼此的語言。甄偉尼形容這是「真正的恩典」,與人類渴望支配他人的野心形成鮮明對比,反倒強調神對萬民的心意。[17] 路加又繼續描述了這個故事,

> 那時,有虔誠的猶太人從天下各國來,住在耶路撒冷。這聲音一響,眾人都來聚集,各人聽見門徒用眾人的鄉談說話,就甚納悶;都驚訝希奇說:「看哪,這說話的不都是加利利人嗎?我們各人怎麼聽見他們說我們生來所用的鄉談呢?我們帕提亞人、米底亞人、以攔人,和住在美索不達米亞、猶太、加帕多家、本都、亞細亞、弗呂家、旁非利亞、埃及的人,並靠近古利奈的利比亞一帶地方的人,從羅馬來的客旅中,或是猶太人,或是進猶太教的人,克里特和阿拉伯人,都聽見他們用我們的鄉談,講說神的大作為。」(徒二 5-11)

在這段描述中,路加強調了彼得聽眾的種族和族裔身份認同——他們是從天下各國來的猶太人和虔誠人。換言之,猶太人和外邦人都聚集在一處。由於這兩個群體都說各種語言,因此人人都十分驚訝,難以置信地問:這怎麼可能?路加鉅細無遺地列出外邦人的不同族裔:「帕提亞人、米底亞人、以攔人,和住

---

[16] Jennings, *Acts*, 28.
[17] Jennings, *Acts*, 28.

在美索不達米亞、猶太、加帕多家、本都、亞細亞、弗呂家、旁非利亞、埃及的人，並靠近古利奈的利比亞一帶地方的人，從羅馬來的客旅中，或是猶太人，或是進猶太教的人，克里特和阿拉伯人」(徒二7~11上)。在此，他總共提及十五地區、四個主要族群。他詳列這些地區和族群，似乎暗示其包羅萬象、幅員遼闊，同時也彷彿遙遙呼應〈創〉十章的列國表。事實上，〈路〉十1~12便已影射〈創〉十章。在那段經文中，耶穌所差派的十二門徒對應以色列的十二支派，而七十個見證人則對應〈創〉十章的七十民族。[18]

聖靈並未區分猶太人和外邦人、克里特人和阿拉伯人，如火焰的舌頭在他們中間散開，停落到每一個在場的人。他們說出的語言各異，但內容卻是統一的，因為人人都講論神的大作為。聖經學者畢爾 (G. K. Beale) 認為五旬節是巴別塔的逆轉。他說，「列國分散各地，但神將列國的代表聚集在耶路撒冷，好讓他們能領受祝福，亦即明白各種不同的語言，彷彿所有

---

[18] G. K. Beale, *The Temple and the Church's Mission: A Biblical Theology of the Dwelling Place of God* (Downers Grove, IL: InterVarsity, 2004), 201; Beale 指出，這份清單凸顯了散居猶太人的關鍵群體，從而亦指向福音的全球本質。Darrell L. Bock, *Acts: Baker Exegetical Commentary on the New Testament* (Grand Rapids: Baker Academic, 2007), 103. 後者一書中譯請見，博克著，《麥種聖經註釋：使徒行傳》，關淑芬、談采薇、黎仲芬等譯 (南帕薩迪納：麥種傳道會，2017)。

這些語言都同歸於一。」[19] 博克（Darrell Bock）則認為，以不同語言講論神的作為，是「賦予傳福音之能」（evangelistic enablement），好讓每個人都能以自己的語言得聞神的作為。[20] 甄偉尼認為五旬節雖然沒有〈創世記〉的初始語調，但同樣標誌著一個開始。

在〈使徒行傳〉特定的歷史處境中，「神的大作為」是指傳講耶穌的死與復活，並祂怎樣升到天上的寶座，手握王權。[21] 為此，信徒要成為基督的見證人，靠著聖靈的能力，並要再次分散，由耶路撒冷到猶太全地、撒馬利亞，甚至直到地極。（徒一 8）。「分散和聚集」的概念，重新出現於新的歷史處境。作為神在地上的代表，信徒要懷著同一個目標充滿全地，要分享對神的認識，並向凡有血氣的宣揚祂的國。這是一個非同凡響的呼召。在當時的歷史處境，人們可能忠於很多事情，但對凱撒的效忠是高於一切的，而且羅馬帝國亦打算文攻武鬥雙軌並行，透過武力征服和文化影響，按照自己的形象來形塑世界。羅馬帝國有悖於神在創造中的心意。[22]

五旬節事件和巴別塔的故事異曲同工，都是關於人們各異的語言。然而，兩者的差距更令人觸目。在巴別塔，語言起初是統一的，但焦點在於人類致力揚

---

[19] Beale, *The Temple and the Church's Mission*, 202.
[20] Bock, *Acts*, 97.
[21] Beale, *The Temple and the Church's Mission*, 202.
[22] Jennings, *Acts*, 4–5.

名立萬，以免分散。而在五旬節，統一的似乎並不是語言本身，而是語言表達的內容——人們以各種不同的語言講論神的大作為。在此，五旬節顛覆了巴別塔，從以人為本變成以神為本，從人類或帝國的統治形式變成神掌權的開始。

對神學教育而言，這意味深長。在接觸來自各族各民的學生時，以各種不同的語言教學是適得其所。神的國兼容而多元。當人遇見其他種族或族裔的人，而他們竟然說著自己的母語，往往會感到喜悅和熟悉。在喜悅和熟悉的背後，是「賓至如歸」或「同聲同氣」。這也傳遞出一種親切的歸屬感。我還記得自己曾在一間教堂的院子裡，不同會眾混在一起團契交通。忽然，我聽到華語、粵語和英語——這三種語言都是我能明白，又對之有身份認同的。此時此地，我陡然深深感到一份歸屬感。能明白別人的語言，使我們彼此更加親近。

所說的語言，和所表達的內容一樣重要。神學教育的內容應該是引導人去認識神和神在歷史中的作為。說其他人的語言，就表明自己是在遷就對方，當中涉及對對方文化的順從，甚至是熱愛。[23] 當聖靈使人能說其他人的語言，祂就使眾人合而為一，成為神的子民。在巴別塔，人們語言各異，無法溝通，因為神變亂了他們的語言；而在五旬節，人們雖然語言各異，卻無

---

[23] Jennings, *Acts*, 4–5.

阻他們溝通。因此，語言各異並非咒詛，語言之間無法溝通才是咒詛。在五旬節那天，聖靈高舉多元語言而非單一語言，但當人們異口同聲地述說同樣的內容，卻又是多元而合一——他們全都講論神的大作為。

在五旬節，不是所有人都以同樣的方式回應。有些人嘗試盡量接收，竭力明白箇中意思。有些人則態度輕蔑，對整件事不屑一顧，認為這些說不同語言的人只是喝醉了。路加記載說，「眾人就都驚訝猜疑，彼此說：『這是甚麼意思呢？』還有人譏誚說：『他們無非是新酒灌滿了。』」（徒二 12~13）。彼得趁勢駁斥了譏誚者，說這不是醉酒，而是應驗了先知約珥許久之前的預言（珥二 28~32）。

約珥的預言談及一次蝗災，預示以色列將被亞述人和巴比倫人侵略，作為神對他們犯罪的審判（珥一~二章）。約珥將這異象形容為耶和華的日子（二 1, 11）。這個日子有著大而可畏的「神蹟和奇事」。這日黑暗而幽冥，有火和火焰。在這日，地震天動、日月昏暗、星宿無光（二 2~10）。然後，約珥提供了一個盼望的應許，說神將賜給以色列秋雨和春雨，好讓植物得以萌芽生長（二 23~24）。然而，神復興的應許並不止於有形的雨水。約珥繼續預言說，神要將祂的靈澆灌每一個人。大而可畏的神蹟奇事將再次出現，凡求告耶和華名的人都必得救（二 28~32）。耶和華的日子首先是審判之日，繼而是復興之日，神的靈將要澆灌所有人。

彼得引用約珥這番話，可見他明白並視五旬節為約珥預言應驗的開端。

因此，神創造我們，並呼召我們要*生養眾多，遍滿全地*。神的心意是要賜福給人類。這份祝福在亞伯拉罕裡更新了，然後在亞伯拉罕的後裔耶穌身上再次更新，然後再在聖靈澆灌時又再更新。凡接受耶穌為主的人都將成為亞伯拉罕的後裔，凡接受聖靈的人都將成為神的子民。於是，神子民的身份不再限於某個蒙揀選的種族——猶太人，也不再限於社會的精英階層——例如（男性）祭司或是（男性）宗教領袖，而是包括所有種族、族裔、性別、階層的人。在巴別塔，語言因咒詛而變亂，但五旬節挪去了這咒詛，人們講論神的大作為而能明白彼此的語言。福音派五旬宗神學家楊偉明（Amos Yong）認為，這事神奇之處，不只在於原來福音可以翻譯，而且原來「*陌生的語言也能成為福音的載體，也能宣揚神的奇事。*」[24] 他指出，神既然對多種語言並存的現象予以肯定，就代表神也擁抱世上的眾多文化；因為語言、文化和宗教是互相交織的。如此看來，亞裔散居者也要以自己的語言和文字宣揚、見證神的大作為。[25]

---

[24] Amos Yong, *The Future of Evangelical Theology: Soundings from the Asian American Diaspora* (Downers Grove, IL: IVP Academic, 2014), 136.

[25] Yong, *Future of Evangelical Theology*, 137. 楊偉明清晰地以聖靈論（pneumatology）闡述聖靈與基督的關係，從而以此為主題焦點，演繹基督教和基督論的互動關係。另外可

如前文所述，劉富理是一個台灣裔的福音派基督徒。他出於對神的熱心，發起了一場圍繞植堂和佈道的宗教運動，最後因而建立了一個新宗派和一間獲 ATS 認證並接觸華語散居者的神學院。聖靈在我們的時代工作，而他的故事正是一個例證。神的國是推崇多元和多樣的宗教表達方式，而神學院用來講論神之大作為的中文正是又一見證。由本書的第二章可見，在正道福音神學院，女性和男性機會均等，皆可平等地參與服事、成為領袖，這與亞洲傳統基於儒家等級制度而衍生對女性的普遍習俗南轅北轍。就此而言，聖靈以在神國的一個新現實（new reality）取代了舊秩序。

我在參加 ATS 和聖經文學學會（Society of Biblical Literature）為少數族裔學者籌辦的會議時，發現多元化的議題幾乎總是等同於公義。少數族裔學者在學界中，看到深層次的結構性種族主義——學府延攬有色人種，但又不為提供相應的支持以保障他們的成功。這情況往往是因為深受種族和不公義的議題影響。從戴嘉莉（Keri Day）在本系列中的著作可見，雖然她顯然是一位成功的美籍非裔學者，但仍在學界飽受結構性種族主義之苦，有最明顯的，也有最微妙的。甄偉尼在本

見 Amos Young, *The Spirit Poured Out on All Flesh: Pentecostalism and the Possibility of Global Theology* (Grand Rapids: Baker Academic, 2005), 28.

系列中的著作，也闡明教授的面試過程是如何充滿歧視和偏見。對霍華德大學（Howard University）這種歷史悠久的黑人學府（或是像正道這種華語學府）而言，多元化的議題也值得深思。如果學院的歷史和身份認同是圍繞某一種族或族裔，「多元化」在這些處境所指為何？學府怎樣才可既擁抱多元化，又保留自己的文化和使命身份呢？「多元化」一詞看似簡單，實則不然，但它無疑是源於神對人類的普遍心意和對學界的特殊心意。因此，每間神學學府都需要以自身的方式，按照自己的辦學使命來定義多元化，並予以肯定。

作為一個女性華裔神學教育工作者，作為美國白人的一個少數族裔，作為一個散居者，又在美國一間散居神學院任教，我越發對聖靈在敝校和其他願意順服聖靈之院校的工作深感興趣。我並不自居福音派五旬宗基督徒，但我肯定必須擁抱五旬節的異象，展望一個更包容和多元的將來。

屬天之景

無論五旬節是多麼非同凡響地逆轉了巴別塔，故事也只是在預演高潮，還未到達巔峰。約翰在其「寶座前之大敬拜」（throne room）的終末異象中，見證了

一場萬民齊頌的宏大敬拜：

「此後，我觀看，見有許多的人，沒有人能數過來，是從各國、各族、各民、各方來的，站在寶座和羔羊面前，身穿白衣，手拿棕樹枝，大聲喊著說：『願救恩歸與坐在寶座上我們的神，也歸與羔羊！』眾天使都站在寶座和眾長老並四活物的周圍，在寶座前，面伏於地，敬拜神，說：『阿們！頌讚、榮耀、智慧、感謝、尊貴、權柄、大力都歸與我們的神，直到永永遠遠。阿們！』」（啟七 9~12）

在這個天上大寶座的異象中，龐大的人群並非同質的。沒有任何民族、帝國，或群體位居主導，而是有各邦國、支派、族群和語言的人，遙遙呼應〈創〉十二 3 的萬族。龐大群眾所展現的多元，伴隨著合一。每個人都敬拜同一位神，高喊自己對神的崇拜讚美：「願救恩歸與坐在寶座上我們的神，也歸與羔羊！」就此而言，多元化是透過在神和羔羊裡的合一而表達、結成的。除了龐大的人群，還有天使、天上的長老、以及四活物。他們都俯伏、敬拜、稱頌神。整個天界成了神的聖殿，神在其中居住、掌權，祂的子民則在其中合一敬拜。敬拜神就是萬物的終點；這也是神學教育的最終目的——讓各民族、各支派、各語言的人（即「新亞伯拉罕」）認識神、敬拜神。

〈啟示錄〉最後兩章也描繪了一個有關新天新地

的終末異象，耶路撒冷從天而降，臨到人間，就像神的會幕在祂子民當中。[26] 天地兩界融合為一個新現實，「我又看見聖城新耶路撒冷由神那裏從天而降，預備好了，就如新婦妝飾整齊，等候丈夫。我聽見有大聲音從寶座出來說：『看哪，神的帳幕在人間。他要與人同住，他們要作他的子民。神要親自與他們同在。』」（啟二十一 2~3）。

在這個新現實中，神與人同住，耶路撒冷城變成了整個世界。而且，〈啟示錄〉還說，不會再有海（二十一 1），也沒有聖殿，因為神和耶穌就是其殿（二十一 22）；亦沒有黑夜、燈光、甚至日光，因為神必光照一切。經上說，「以後再沒有咒詛；在城裏有神和羔羊的寶座；他的僕人都要事奉他，也要見他的面。他的名字必寫在他們的額上。不再有黑夜；他們也不用燈光、日光，因為主神要光照他們。他們要作王，直到永永遠遠。」（二十二 3~5）。

在這個終末異象裡，沒有咒詛。之前的大地既已過去，大地因人墮落而受的咒阻也不復存在。神已將一切更新。新人類將成為神的僕人，將服事神和掌王

---

[26] 在舊約中，「天與地」有時指向耶路撒冷及其聖殿（賽六十五 17-18）。見 Beale, *The Temple and the Church's Mission*, 368。亦可見 J. Richard Middleton, *A New Heaven and a New Earth: Reclaiming Biblical Eschatology* (Grand Rapids: Baker Academic, 2014), 46-48。

權直到永遠。人類在創世時受命在地上代表神，在這個有關新世界的終極異象中，人也找到自己永久的位置。在《聖經》的最後一章，神的形象得以恢復和更新。新的國度將由萬邦構成，他們只有一個目的，那就是敬拜神。神學教育的意義和目標，亦在於此，為要認識神和敬拜神。

基督教現正處於教會的誕生和終末之間，終有一天，各民族、各支派、各語言的人都要敬拜、讚美獨一真神。同樣，神學教育也處於聖靈的澆灌和基督榮耀的再來之間。雖然我們冀望將來，所有語言和民族都將被徹底包容，但暫時在這期間，世界似乎服於眾帝國及其語言的統治之下。這段時期之所以出現，是因為神賜下了聖靈，又因為我們表達出對救恩成就的渴望。在五旬節，人們講論神的大作為；在終末異象裡，多元的萬物都同歸於一，敬拜獨一的真神。如此，這兩個景象遙遙相連。

因此，神學教育的目標是為了認識神，並參與宣教，將對神的認識帶到地極，好讓神的王權在全地確立。這最終的目的，就是實現神的王權。神的子民非常多元，所以在地上見證神的王權亦需要多樣的語言。因此之故，神學教育理應是以多樣語言進行，哪怕是在一個國家中亦然。華語神學院、韓語神學院、西班牙語神學院……凡此種種，都見證了神國包容和多元的榮美。

在神學教育裡肯定多元

挪亞的眾子各按宗族、語言、土地、民族，散佈整個古近東地區（創十章）。可見，在神的宏大敘事中，特殊性亦有其位置：人類盛載神的形象，代表神治理全地，從而顯明神在全地掌權。神的子民包括各國各族，連同他們各自的語言和文化，以及其中細微和複雜的差別。正是透過這些林林總總的特殊性，才能達致認識神和敬拜神。

肯定了語言和文化的特殊性，就對神學院有所影響。有些神學院校是針對特定文化，有些神學院則嘗試包括許多族群，而為特定種族和族裔開辦課程。在神使命的宏大敘事裡，兩者都有重要的角色。若針對特定族群能加強某一院校的使命，或使其教育更有效，那麼，開辦特定族裔的課程和設立特定族裔的神學院，也將貢獻於神學教育的多面本質，並讓更多人能以自己的語言和文化接受神學教育。單一語言的處境，不能完整地反映神國。垂直敬拜團（Vertical Worship Band）創作的詩歌《1000 種語言》（*1000 Tongues*），如此為神國的多樣語言而謳歌道，「*我們的聲音如海／我們讚美祢，如汪洋／同奉一名聚集*」。[27]

---

[27] 此詩歌的 YouTube 連結是 https://www.youtube.com/watch?v=SQ_lyaBwxb0。

語言和文化密不可分，所以許多新移民堂會都認為，保存自身文化價值和習俗是自己的一大職能。散居群體和本族裔的神學院和課程也是如此。然而，透過針對特定族裔和文化的神學院，提高教學效率並使語言和文化永續傳承，這仍不是終極的目標，而只是手段。神呼召亞伯拉罕，是要藉他使地上萬族得福；同理，針對散居群體或特定族裔的課程和院校亦應該成為媒介，讓特定的族群在過程中使他人得福。每種特殊性都必須與新亞伯拉罕——即耶穌——合而為一，並在這末後的日子對聖靈的工作保持開放態度。就此而言，所有散居和本族裔的神學院或課程都必須想方設法，締造必備的空間和網絡，讓人得以綻放光華，而無須孤立自己。他們必須有意識地努力，與更大的教會群體和院校連結。他們必須雙語兼備，既用自己獨特的語言，亦用與人共通的語言。在兼顧特殊性和普遍性時，兩種語言都不可或缺。特殊性有其位置。指向普遍性的共同語言亦有其位置。在羔羊的終末筵席上，來自各族的人都將雲集，將榮耀歸於神和羔羊。特殊性和普遍性，應該在具建設性的張力之中和諧並存。正如歐緒洱所說：「*種族多元化是神學的美德。*」[28]

---

[28] Aleshire, "Gifts Differing," 6.

在正道福音神學院重新定義多元

2018年11月13日，「信靠中心」(In Trust Center)的記者走訪了南加州的幾間神學院，正道也在其中。他們向正道的代表提問，問及一個問題：對於像正道這樣的院校而言，何謂多元？我當時是署理教務長，所以負責回答。我說：「對正道而言，多元並不在於種族和族裔，而是以其他形式展現。『華人』一詞本身就是多元的。」在正道這類院校裡，多元化的議題需要重新定義。宏觀而言，正道存在於 ATS 眾多院校當中，這本身已顯明 ATS 對多元化的委身，也顯明正道對種族和族裔多元化的貢獻。同樣，在「時閾中的神學教育」項目中，加入我這一位正道的代表，也反映本系列編輯矢志讓這系列變得更加多元而包容。

微觀而言，在正道內部，對多元化的理解必須跨越種族和族裔，囊括其他範疇。例如，多元化可以實現於性別、年齡、世代、經濟狀況、宗派背景、體力及智力，還有文化處境。並非所有華人都來自中國大陸、講華語，也並非所有華人都有同樣的口音和用詞。散居華人其實極盡多元——正如西班牙語裔、拉丁裔亦非一模一樣。例如，西班牙語裔可以來自墨西哥、西班牙、古巴或瓜地馬拉。他們雖然都講西班牙語，但每個地區都有自己的價值觀、口音、歷史、膳食和特殊的文化。話雖如此，但由於美國的處境極為注重種

族和族裔，其他形式的多元便相形失色。於是，若一間院校在種族和族裔上並不多元，就產生同質的錯覺。況且，人們還經常將多元的存缺與主流種族或族裔的權力或統治掛勾。因此，*如果* 只將多元定義為擁有來自許多不同種族和族裔的師生，一些傳統定義為特定種族或族裔，或歷史悠久的黑人學府在闡釋多元時，便極為不利。

若要延攬懂華語的非華裔教授，是相當有難度的。因此，正道致力讓教授團展現多元的性別、年齡分佈、獲頒博士的院校和原生地。例如，正道目前的十四位教授中，有七位女性和七位男性；其中，一位是白人。在 2018 年，正道有意聘請一位懂華語的芬蘭教授，但他為個人原因而婉拒。另外，教授之中，泰半來自台灣。而其餘教授中，兩位來自中國大陸，兩位來自香港，一位成長於美國和台灣。許多教授在加入正道前，也曾居於多國。此外，教授大多畢業於不同的英美院校，其年齡範圍也非常多元——涵蓋四十到八十歲。

就學生而言，正道的多元化亦有另一類困難。整體華人文化之內，其實極為多元。例如，來自中國不同省份的學生均有不同的文化和方言，剛從台灣來的學生亦在文化上迥異於數十年前已移民到美國的學生。1.5 代的學生（即少年時期來美國的人）在文化上也迥異於第一代華人。然而，即使華人學生之間已是多元而複雜，但較之於華人與非裔美國人，華人與白人，

或華人與西班牙語裔的差異，仍是小巫見大巫。就讀多種族神學院校的學生，便有機會向來自不同種族和族裔的同儕學習。相比之下，正道的處境則無法讓學生向不同種族的同儕學習。話雖如此，但大多數正道畢業生都將投身華人的處境和事工，而非在多種族的環境中服事；這是事實。正道的跨文化課程旨在塑造學生參與跨文化宣教。

由此看來，正道雖然沒有多元種族，卻在性別、年齡、世代、文化和次文化各方面都十分多元。也許，對正道的使命而言，這些方面的多元才最重要。

宏觀來看，正道亦貢獻於北美神學教育之多元。當每間院校之內都是多元，少數群體的語言、文化、習俗和傳統往往會被主流文化淹沒。然而，在正道和其他散居神學院，這些少數群體的文化卻可得以保存和更新，從而貢獻於整體的多元。無論是散居神學院，抑或族裔為本的課程，其存在已是見證神國之多元；對於神的全球拼圖，亦全都不可或缺。

總括而言，《聖經》是肯定多元化的。多元化反映了神對人類及神國的心意。擁抱各種形式的多元，誠然是神學的美德，亦是神學的必須。在大多數神學院校，種族和族裔的多元都非常重要，但在正道這類院校，多元卻是超出種族和族裔之外。在北美神學教育的整個多元化拼圖中，正道是其中一塊。正道代表的是北美眾多種族和族裔群體之一，並以散居者之姿

與許多其他神學院校攜手，共同實現神的國度。所以，在此時此刻，我們必須鼓勵以多樣的語言從事神學教育，並視之為神學的必須。我們必須按照各神學院校的使命，並認識目前不同層面的多元化，繼而重新釐定神學院校衡量多元化的定義和標準。華人是一個種族，但有許多語言，許多文化；美國人有一個語言，但有許多種族。也就是說，華人和美國人都在以自己的方式展現同質和多元，就多元的精粹而言，兩者皆不可或缺。在神的國裡，兩者理解的多元均需獲得肯定。

在本章的結尾，容我借用馬丁·路德·金的著名演講《我有一個夢想》，並按正道福音神學院的處境略作改寫：

我有一個夢想，有一天，正道福音神學院將不再因教學語言而聞名，而是因其委身於以福音為中心。

我有一個夢想，有一天，正道福音神學院將向世界見證神在散居華人內外的作為。

我有一個夢想，有一天，來自各個傳統、認同各種文化的神學院將濟濟一堂，同聲歌頌神的榮耀。

當神學教育身處時閾，面對北美眾多神學院，正道福音神學院有何話說？下一章亦是本書的最後一章，我將如此想像……

第4章
在散居中再思神學教育

　　ATS 一直鼓勵其成員院校變得更多元，更成立了種族與族裔委員會（Committee on Race and Ethnicity, CORE）。該委員會為推動自身使命，挑選了廿二間神學院齊聚匹茲堡（Pittsburgh）召開了一次會議，旨在為在各校推動多元化展開對話。當時的打算是讓與會者回到各自的院校後，擬定具體計劃來進一步推動多元化。與會的院校代表之中，有來自主流新教傳統的，例如哈佛大學（Harvard University）；有來自新教福音派學府的，例如丹佛神學院（Denver Seminary）。若干歷史悠久的黑人神學院也派出代表，例如胡德神學院（Hood Theological Seminary）和維珍尼亞聯合大學撒母耳德維特神學院（Samuel Dewitt Proctor School of

Theology of Virginia Union University）。然後，還有正道福音神學院——唯一一間與會的華人/亞裔神學院。敝校派出三名代表，我是其中之一。

鳥瞰全貌的話，在黑白兩極的族群之間，正道存在於 ATS 成員院校當中，本身便已拓寬 ATS 對多元化的努力。但同時，正道也是邊緣的。這不只因為正道以種族和族裔為本，亦因為美國的神學教育大致分屬黑人和白人兩路，但正道卻格格不入。此事隱約指涉主流群體，他們在學術和實踐上主導了北美神學教育的格局。無論是相對於矢志服事主流人口的院校，抑或相對於服事特定種族和族裔的院校，正道彷如「他者」。

還有另一件事：信靠中心的記者於 2018 年 11 月走訪正道時，曾請我們「描述正道的文化處境：正道的教與學，與其他像富勒或金門這樣的神學院有何不同？」我細思之下，想到幾點。首先，這問題似乎有個假設，認為像正道這類院校必定有自己的文化處境，與以白人為主或多族裔的院校不同。第二，這問題也假設由於這個文化處境，正道的教與學會與其他神學院不同，例如與以白人為主或多種族的院校不同。我不禁想，不知信靠中心的記者走訪富勒和金門之類的院校時（這兩校是正道在南加州的鄰居），會否問同樣的問題？

正道常常置身「外界」，亦往往面對其他人未必會被問及的問題。同時，面對廣大的神學教育界，正道也有其獨特的問題要問，有話要說。本章嘗試從正

道的視角，重新想像時艱中的神學教育，以期激發對神學教育之將來的盼望。

共通之處

外界——或許包括信靠中心的代表們在內——往往認為，華語神學院必定是「族裔的」、「外來的」或「國際的」。箇中的潛藏前設認為華語神學院的神學教育與北美大多數神學院不同。而事實上，拋開種族和語言，像正道這樣的院校和其他神學院頗有共通之處。當中，既有神學教育的做法，也有所有神學院都遇到的挑戰。首先，正道屬於廣大福音派神學院的大家庭。

傳統上，「福音派」向來被理解為服膺「四大重心」（quadrilateral of priorities），即基督及其受難、《聖經》權威、個人歸信、參與神的使命。[1] 從另一個角度，丹佛神學院院長楊馬可（Mark Young）在本系列的著作中，雄辯有力地界定了福音派神學立場，並指出其所回應的主要前提和渴望。例如，福音派神學院高舉福音，強調救贖與盼望。楊馬可斷言，「無論是個人抑或群體，福音派對救贖之福音的經驗都是以盼望為核心。」[2] 然

---

[1] Douglas McConnell, "Evangelicals, Mission, and Multifaith Education," in *Disruption and Hope: Religious Traditions and the Future of Theological Education, Essays in Honor of Daniel O. Aleshire* (Waco, TX: Baylor University Press, 2019), 101.

[2] 出自 Mark Young 在本系列之著作的草稿。

而，誠如他在我們 TEBT[3] 的會議分享所言，他想到的似乎是白人的「福音派院校」和「福音派」。

事實上，「福音派神學院」並不限於「白人福音派」或是像達拉斯神學院和塔爾伯特神學院（Talbot School of Theology）這樣的院校。正道福音神學院也分享福音派信仰的所有神學前提和渴望，誠如其校名「正道福音神學院」明確所指。界定正道福音神學院的主要元素，本應就是捍衛福音派信仰（對外界或內部亦然）。但在強調種族的美國，卻非如此。在深入探討正道有別於其他神學院的教育方法之前，我們應該首先確立這個福音派的身份認同。

詩人安傑羅（Maya Angelou）有一首優美的詩，題為《人類大家庭》（Human Family），後來被蘋果用於他們的電視廣告中。這首詩頌揚不同民族的共通之處，一一啟迪讀者不再分裂，尋求共識。安傑羅列舉地球上的不同民族，然後此以作結：

我看到林林總總、形形色色，

但朋友啊，我們雖有相異，卻更相似。

朋友啊，我們雖有相異，卻更相似。

朋友啊，我們雖有相異，卻更相似。[4]

---

[3] TEBT 指 Theological Education Between the Times，即本書原屬的系列叢書「時闕中的神學教育」。

[4] Maya Angelou, "Human Family," Family Friend Poems, https://www.familyfriendpoems.com/poem/human-family-by-maya-angelou.

我們可重新想像這首詩，將代詞「我們」想成「正道福音神學院」。廣義而言，我們是北美神學院校大家庭的一員；具體而言，我們是福音派神學院的一員。「朋友啊，我們（正道）雖有相異，卻更相似。」例如，作為一間神學院，正道教育學生，準備投入各種事工和志業。正道的教育包含了教與學。不同的教授有不同的教學風格：有些側重課堂講授，有些則以各種教學方法與學生互動。為使評分更準確，學院也發展了標準的課程設計。和許多院校一樣，正道近年亦開設不少線上課程和同步課程。正道現正推出全時間線上的基督教研究碩士，並期望在可見的將來提供更多類似的課程。由於2020年的新冠疫情，所有院校都改以線上授課，以確保持續的教學，不受地域限制。和許多院校一樣，正道的神學教育理念仍以靈命塑造為重要元素。在正道的神學教育異象裡，核心一直是要與神發展親密、活躍、持續不斷的關係。誠如第一章所述，劉富理是正道的創辦人、首任院長兼靈命塑造教授。在讓學生以靈命塑造為自己神學實踐的基石時，他的角色舉足輕重，今昔皆然。與此同時，正道在以線上課程進行靈命塑造時，也像其他神學院一樣感到困難。

和許多院校一樣，正道的課程包括聖經研究、神學、基督教實踐、輔導和教牧關顧、以及宣教和各項事工的相關課程。和許多院校一樣，正道在招生和財政上亦有挑戰。雖然招生人數大致上有所增加，但隨著教

授人數和學院設備的增加，學院要維持營運已日益困難。多年來，正道的財政狀況持續改善，但由於正道大部份收入都來自個別奉獻者，要想達至所有收支都平衡仍是一大挑戰。正道也恪守 ATS 的各項教育標準，包括師資發展、課程學分、課程要求、自學資格認證報告，並預備接受 ATS 恆常的實地考察和重點訪問。凡此種種，皆可見正道與其他神學院的共通之處。然而，我們也有明顯的差異。

差異之處

在第二章，相對神學教育的主流敘事，我提及正道福音神學院怎樣在七方面成為了反敘事。在本節，我將再列舉幾個例子，以進一步說明學院的獨特之處。

論學習

觀乎學生的學習，正道福音神學院和富勒、金門等其他神學院的主要差異，就是語言。如上文多次談及，除了亞裔美國人事工這一課程是英語教學之外，正道主要以華語教學。不過，教學的內容極為相似。在課程學習上，正道有別於北美其他神學院之處的，大體上就是教學語言而已；但之後也會提及其他不同之處。

另一個獨特之處，就是視學習為塑造全人的過程。

學習不只是在課堂上汲取知識，也不只是閱讀指定文獻和完成作業。正道的教育是全人的，包括靈命塑造、學術優異、事奉能力、敬虔生活。另外，在群體建立（community building）和與同學合作時，也會有所學習。因此，正道的學生必須出席禮拜、參與敬拜練習、帶領學院的每週禱告會和各自宿舍的每天禱告會。每學期，每位教授都會陪伴一個學生小組，當中至少有五位學生。學生將在當中建立群體，教授則要培養關係，並發揮引導、支持和鼓勵的角色。透過這種小組經驗，學生學習分享自己的生命，表達自己的關心，尋找可以坦誠相對的空間。許多友誼就是在小組裡培養出來的。

許多年前，我帶過一個小組，其中有五位男性，數位女性。當時，五位男生都還是單身。在一次小組，我們為他們每一個人將來的婚姻禱告。幾年後，他們全都從正道畢業了，其中四位都先後結了婚，並在美國和台灣的不同堂會中服事。我滿懷喜樂地參加了他們的婚禮。現在，他們有些人已有兒女。回顧過去，神回應了我們在小組中的禱告。這五位男生曾一同尋求可以一起事奉神的妻子和家庭，從而結成羈絆。小組的另一位學生畢業後去了俄亥俄州（Ohio），在當地一間華人堂會服事。當他要被按牧時，他請我將我的祝賀和祝福錄製成影片，在他的按牧典禮上播放。師生之情往往遠超畢業典禮之後。在正道，小組是一個重要場所，學生在此認識基督信仰、關係和群體。

我們雖有成功，但也有艱難。例如，由於學生群體缺乏多元種族，正道難以培養學生跨文化的能力。「全人」塑造過程也是按華人處境定義，而非西方處境。

論教學

正道的教學內容與其他神學院的教學內容相似，尤其與福音派神學院相似。然而，除了教學語言，正道的教學亦涉及將要應用到新移民堂會和散居華人處境的內容。由於正道的大多數學生都將在北美或別處的華人堂會服事，因此，亦要以處境化的方式應用所學。就此而言，教授在應用聖經知識和服事技巧時，經常以華人堂會為應用的沃土。例如，在教〈但以理書〉時，我叫學生描述新移民文化和本土文化之間的異同，並思考但以理被擄到巴比倫時的艱難和挑戰。我還叫學生反思地上國度是何其短暫，中國的宗教信仰自由是何其缺乏。曾經牧養北美華人堂會的教授，則鼓勵學生在思考哥林多教會的艱難時，聯想如今華人教會的艱難。

在亞裔美國人事工這一課程，導師從四方面向學生介紹亞裔美國人：他們在北美的歷史；他們作為「模範少數族裔」和「永遠異鄉人」的困境；他們身份認同的形成過程和掙扎；以及他們作為美籍亞裔而受到的種族歧視和偏見。正道許多學生的子女都是在美國出生或成長。有見及此，亞裔美國人事工促進學生更

多留意二代移民的英語事工，並讓他們可以更好地服事新移民堂會。在新移民堂會中，往往亦有服事英語會眾的事工。對於那些畢業後服事亞裔的學生而言，亞裔美國人事工擴展了他們的文化理解，迫使他們再思各種不同文化處境中的事工。當然，話雖如此，但在正道學生之中，英語流利的不多。大洛杉磯地區華裔人口眾多，英語並非生存的必須。這情況無助於學生適應更大的英語美國文化，亦不感到融入的需要。因此，提高英語水準一直是正道苦苦掙扎的問題，在可見的將來仍將如此。若想學生更具備跨文化的能力，能夠服事更廣闊的對象（尤其是在美國出生或成長的華人），這是正道亟待解決的問題。

新移民與散居者的身份認同

信靠中心的記者於 2018 年走訪正道時，還問了另一個問題：「相較在美國出生的學生，新移民學生在學習和形成群體時，會否不同？」這個問題反映了正道學生群體的一大獨特之處。作為一間散居神學院，我們的學生若不是第一代新移民，就是持學生簽證從他國而來。有些學生或許已來美廿年、卅年或更久，但他們如今仍然是新移民，沒有也不打算融入美國的主流文化。新移民的身份認同攸關他們之所是（being）。他們大多數都會和其他新移民建立友誼，在華人堂會

形成新移民群體，服事散居華人中的其他華人新移民。

在正道的學生中，沒有美國出生的華人（American-born Chinese, ABC），也沒有第二代亞裔美國人。我們曾有幾位1.5代移民入讀，他們都是少年時代移民美國，英語和華語都很流利（但他們有些認為自己兩種語言都不好）。由於學生群體有獨特的人口結構，正道於是一方面成為了一個新移民群體，其成員旅居美國，不知何者為家。另一方面，正道也是一間國際學校，有很多學生從海外而來，其中不少在畢業後亦將離美國而歸。即將歸去的學生是以祖國為家，而非美國。事實上，正道是一個散居群體。四方八面的人隨全球移民的浪潮而流經正道，並協助其建設。我們為此深深感恩。

在這種新移民和散居的處境中，學生敏銳地意識到自己是以客旅（pilgrim）身份住在美國，他們感到自己永恆的家在天上等著他們。許多年輕學生以弱冠之齡就投身事奉，正因這個客旅的身份。在很大程度上，以色列的歷史是衍生自其與埃及、巴比倫、波斯、希臘、羅馬等主要帝國的宗藩關係（suzerain-vassal relationship）；同理，與生於美國等帝國的學生相比，面對以色列人和約瑟、摩西、路得、但以理、以斯帖等有跨境足跡的聖經人物，新移民或國際學生更容易共鳴於他們的困厄。就此而言，擁有新移民身份利多於弊，因為它能有助理解邊緣化的處境，也更易視基督徒的人生為客旅，期盼天上那永恆的家。此外，與那些只

曝露於一種主流文化的人相比，移民或散居者參與跨文化事工時往往更有效。

在北美的神學院校中，種族、族裔、少數群體和國際的學生不斷增加。神學教育工作者不但需要察覺這些學生是新移民或散居者，還需要視這些身份為有利條件。這種身份應該被重視，而不是被忽視或輕視。種族、族裔、少數群體的學生曾經歷和居住在多個世界。他們對主流文化有不同的看法。在美國，他們是少數的種族或族裔。因此，在關於神學、文化、族裔等議題的全球對話中，他們也可有所貢獻。他們的視角可以豐富主流敘事的視角。少數種族和族裔學生的存在，讓課堂和院校更像羔羊的終末筵席。他們的存在應該被珍視和欣賞，他們的聲音和觀點應該被認真對待。無論是對彼此，抑或對所有在筵席坐席的人，主流群體和少數群體均可作出寶貴的貢獻。

許多來自有色人種的學者和神學家都曾受教於北美的神學院。他們從少數族裔的角度著書立作，但也參與到了全球的神學中。其中著名的例如，岡薩雷斯 (Justo González)、薛古華 (Fernando Segovia)、戴嘉莉、弗雷澤 (Elizabeth Conde-Frazier)、奧斯皮諾 (Hosffman Ospino)、甄偉尼和楊偉明。在課堂上，教授務須提供廣闊的神學和文化平台，好讓來自不同種族和文化的學生可以開闊思想，想像嶄新的將來。也許，因為我們的教學，有一兩位我們課室的學生會成為下一個岡

薩雷斯、薛古華、戴嘉莉、弗雷澤、奧斯皮諾、甄偉尼，以及楊偉明！要為學生締造神學和文化上全球化的寬闊環境，教授便須學習全球化的思維，並將之實踐。我們的將來就取決於此！能夠超越自身文化和神學局限的頭腦，並非一夜之功，而是需要日積月累的培養和擴展。

宗教自由

美國有充份的言論和宗教自由。在美國，院校當局或教師均不准作正式的公禱，公立學校裡也不准公然傳福音。但這些限制是*服務於* 所有人的宗教自由，好讓公立學校免於任何一種宗教的支配。人們去教堂，無須擔心被捕。人們可以自由表達自己的信仰，無須擔心入獄。但是，像中國這些國家，情況並非如此──連公開的宗教聚會也被視為非法，更遑論召開佈道會或是在公共場合與人分享福音了。自 2018 年以來，中國收緊了宗教政策。任何支持基督教的公開言論，或是討論基督教的著作，都可能成為被捕的理由；有些堂會被政府拆毀，另一些則因當地政府頻頻威脅而被迫關閉或搬遷；標誌基督教的十字架被政府下令拆除；牧師和教會領袖因非法聚會或傳講《聖經》而被捕。在沒有宗教自由的國家，基督徒活在苦難和逼迫中，他們不能大聲禱告或唱基督教詩歌，也不能自由地向他人表達自己的信仰，唯恐被下在監裡。

我們可以想像一下，由這種處境來美國接受神學教育的學生，他們不斷需要作出決定：用不用真實姓名？透露多少自己的資訊？是否有人在監視自己？如果自己在美國「被抓住」，家鄉的親人會有甚麼遭遇？既然知道無法公開服事，畢業後還回不回中國？應否申請宗教庇護？如果申請的話，家鄉有誰願意為自己提供宗教經歷的證明？提供者會不會遇到麻煩？凡此種種，都是中國學生在北美時遇到的問題和困境，而對終生享受宗教自由的學生而言，這些問題和困境都非常「陌生」。同樣，來自穆斯林國家，但在美國歸信基督教的學生，也面對類似的挑戰。

活在宗教逼迫的大環境裡，這些學生更能共鳴於早期教會的經歷：早期教會一直飽受逼迫，直至君士坦丁（Constantine）在公元四世紀將基督教列為合法宗教，才告休止。西方基督教以「人性繁榮」（Human flourishing）為核心，但這並不符合這些學生的親身經歷。相反，患難與逼迫才是基督教的真正標記，才定義基督教之所是。來自沒有宗教自由之國的學生，他們理解的基督教與一直享受宗教自由的學生完全不同。學生若來自像敘利亞或烏克蘭般飽受戰亂之國，或任何不保障宗教自由的國家，也是如此。

歸根究底，宗教自由問題就是人權問題。一位來自中國的學生告訴我，她在美國注意到了一個很大的不同之處，就是人們在崇拜中大聲唱詩讚美，這在中

國是無法想像的事。她還說在中國時，每次和教會的弟兄姊妹一起禱告，最後都會流淚。這些中國學生畢業後，有些選擇留在美國牧養華人堂會，有些則回到中國牧養家庭教會。後者知道自己可能會一直處於「地下」，若是參加基督教活動時被抓，更會面臨控罪。對於選擇留在美國而不回中國的學生，可能有些人會指責他們是「選擇了容易的道路」或「背叛」自己的國家。但事實上，來自中國新移民和新移民堂會數量都在飆升，美國也需要有中國背景的牧者來服事新一浪的中國新移民。巴別塔和早期教會的分散現象，如今在美國再度浮現。這裡，基督教繼續經由散居華人而傳播。

在 2019 年，「被控犯罪的香港人應否被引渡到中國受審和判刑」的問題，在香港引發了極大的混亂。對於這個問題，香港市民、香港政府和教會群體的看法極為分歧。有些支持中國政府，有些則表示反對。許多新聞詳盡地報導了警察的暴力和民眾的抗議，還附上香港警察向平民發射催淚彈的剪輯。香港人陷入了動盪。街上滿是雨傘（抗議的象徵）和警民對抗留下的垃圾，基礎設施也因工人罷工和抗議而癱瘓。誰曾想到當今的香港竟會有這樣的事？香港的未來會如何？如果中國繼續對香港施威，香港未來還能否享受宗教自由？鑒於政治及宗教自由，面對嶄新而備受爭議的現況，像正道這樣的散居神學院就成為中國或香港學生的安全港，讓他們可以在此以自己的語言學習

神學，而無須受自己國家當局的干預或壓迫。美國的憲法是以所有人的言論和宗教自由為基石的。在這裡，人可以自由地思考、默想、反思不受任何世俗權威限制的神。在像正道這樣的散居神學院裡，來自飽受宗教壓迫之國的學生可以運用大量而豐富的神學資源，為自己和後代在散居群體內外，創造一個新的將來。

即使有這特殊使命，在整體教育方法和挑戰而言，正道福音神學院仍與其他神學院校相若。正道也和其他福音派院校一樣，有共同的福音派信仰和渴望，無論是以白人為主的、多種族的，或與少數群體認同的，皆然。與此同時，若以學習、教學、新移民及散居身份和為說華語的人提供宗教自由的安全港之使命而論，正道又是獨特的。這些獨特之處，讓正道這類神學院更易與早期教會的困境認同，並更易認出基督教作為受苦身體的本質。與正在受苦的基督身體認同，便可作出寶貴的見證，貢獻廣大的基督教群體。面對時闕中的神學教育，像正道這樣的神學院有其位置，有話要說。

面對北美神學院校，正道有何話說？

在這時闕之中，在促進神學教育將來的盼望，正道對北美眾多神學院有何話說呢？基於本書的討論，我提出以下七點。

正道承認聖靈在散居者當中的工作

基督教在西方大致呈衰落之勢，但卻在其他地方蓬勃發展，例如在華裔和西班牙語裔的散居群體當中。華語神學院存在於北美，反映華人基督徒正在冒起，也反映有需要開辦中文的神學教育，以服事散居的華人。巴別塔的分散，是為了領人歸向基督，並宣告神的大作為，從而帶來救贖。劉富理常常囑咐學生，務要順服聖靈。若聖靈正在散居華人當中工作，其他神學院豈不也應該留心聖靈的動向和行蹤？對北美的精英學府或其他少數族裔學府而言，聖靈在散居華人中的工作也許看似無甚直接影響，但單以聖靈工作的內容、方法和地點而論，也必擴闊和形塑他們的聖靈論和終末論。

散居神學院日益增加，在其他神學院裡，來自少數種族或族裔的學生亦不斷增加。這些都只是縮影，反映神的國正逐漸在地上實現。在當代美國，聖靈在散居華人當中的工作是明明可見的。對於聘請散居者任教、招收散居者為學生，這點意義非凡。聘請多元種族和文化背景的教授，並不只是政治正確，更是聖經正確、神學正確。日子將到，形塑學生在越趨多樣的世界裡投身神國事奉時，跨文化能力和神學教育的國度視野，將是不可或缺的，神學院校必須作好準備！

正道代表神學教育中的第三把聲音

正道福音神學院和其他華語神學院在北美的蓬勃發展，正是對神學教育界發出的一個信號：在日光之下，散居神學院和以族裔為本的課程也有一席之地。在有些神學院的學生群體中，少數群體和國際學生人數相當可觀。這些神學院必須適應這個現實。對於少數種族和族裔「入侵」以白人為主的院校，甄偉尼留意到，有色人種的學者和白人學者之間的互動相當複雜。甄偉尼指出，兩者的互動關係需要在三方面作出改變：(1) 學術和神學上的對話；(2) 神學學府的教學生活；(3) 塑造學生的過程。[5] 就第一點而言，大致有兩類學者。第一類偏重自身的學科和研究範疇，相對看輕種族身份；另一類則傾向「將研究範疇想像為封閉的系統，箇中自有既定的邏輯和認知的次序，皆全繫於身份認同之上。」[6] 兩類學者都知道彼此的存在，只是極少一起探究知識。

按照甄偉尼所言，教學生活也需要改變。他觀察到，許多以白人為主的神學院聚焦於白人男性，視之為「良好教育的永久代言人」。於是，在學術、教學和課程願景上，少數種族和族裔的教授都因此受到影

---

[5] Willie James Jennings, "The Change We Need: Race and Ethnicity in Theological Education," *Theological Education* 49, no. 1 (2014): 35–42.

[6] Jennings, "The Change We Need," 37.

響。[7] 此外，當有色人種的學生被迫服膺白人的常態時，往往難以在混合種族的現實中釐清複雜的生活，從而妨礙他們神學的塑造過程。同樣，若白人學生和有色人種的學生鮮有合作求知，亦會窒礙兩者的成長。[8] 甄偉尼的真知灼見，勾勒出學生群體和神學院校生態的動態。不過，神學教育工作者亦需察覺到第三種敘事──散居神學院的冒起。

當我們囿於一兩個主流族群的角度，知識就必受局限，神學知識尤其如此。種族的不公是一個嚴重問題，但其他形式的不公亦同樣嚴重，例如在建構神學時，缺少全球視野和包容。目前，黑人和白人的群體形成了二元對立的狀態。雖然散居神學院的冒起未必能立即帶來重大改變，但至少增加了第三個聲音，從而改變目前關於種族、族裔、神學和文化的對話格局。第三個聲音代表了多樣、全球、宣教、國度的視角。為了神學教育的未來，新增第三個聲音是「必須的改變」。

正道掙扎於道學碩士的未來

長久以來，道學碩士一直被視為專業學位，未來的教牧和牧者藉此受訓作受薪的神職人員。然而，近年來，許多神學院都將道學碩士的總學分由九十餘減到七十

---

[7] Jennings, "The Change We Need," 38.
[8] Jennings, "The Change We Need," 41.

左右。對於這趨勢，有些院校猶豫再三，另一些則堅決反對。學分減少，完成學位所需的時間亦相應縮短。這也代表學生在畢業時可減輕負債。從實際的角度，這些都是學生的好消息。然而，大多數神學院校在減少道碩的學分時，就拿聖經語言科目開刀。有些院校將棄授希伯來文和希臘文，改授所謂的「工具應用科」。學生不再以傳統方法學習語言──記單字、解析單字（parsing）、圖解句法（syntax diagram）──轉而學習如何用數碼和電子軟體解經。學習使用語言工具固然重要，但這些似乎只是「權宜」和「捷徑」，更基礎的功夫卻在於掌握語言，才能作出更好的詮釋。

道學碩士的地位正在改變，它不再是一個專業學位。在西方，許多學生入讀是為了辨識神的呼召，而非在確定蒙召投身牧職之後，以此為接受神學院教育的機會。縮短道碩課程之後，或許學生真能更快完成、減輕負債──但其代價卻是犧牲了他們的希伯來文和希臘文。如果未來的牧者無法運用聖經的語言，照明經文的意義，這將如何影響堂會的文化、講道的質素、牧者和會眾的教學深度呢？我同意，一個好的、忠心的、有效的牧者未必一定要精擅希伯來文和希臘文。但聖經語言實在形塑我們對經文的理解，其深遠影響，遠超眼所能見。教導和講道中的智慧和洞見，是基於堅實的聖經和神學基礎，這絕非聖經語言的捷徑科目所能取代的。假如道學碩士是要培養有效的領袖，領

袖模式或已足夠。但假如其目標還須包括培養好的*傳道人*，就似乎必須保留聖經語言。

在 2019—2020 年度，正道的道學碩士仍然有 92 個學分，其中聖經科佔 24 個必修學分（三門舊約必修科和兩門新約必修科），另加希伯來文和希臘文 9 個必修學分。正道始終視道學碩士為塑造和裝備未來牧者的學位。然而，「牧者」一詞的意思和職能也在改變。在華人處境中，牧養會眾至為重要。在許多情況下，牧養是指藉著關懷和講道餵養會眾的心靈和頭腦。作為一名希伯來文和舊約教授，在削減道碩或其他聖經科學位的聖經語言科目一事，我知道自己是有偏見的。如果未來的牧者無法以原文學習聖經，這將是一大損失。在不久的將來，這問題仍會繼續存在。正道的進路並不特殊，諸如達拉斯神學院等院校也非常重視培養學生的聖經語言能力。我希望更多院校明白，聖經語言對未來牧者非常重要，亦直接影響堂會的生態。

在全球移民和散居的時代，基督教正透過新移民堂會而廣傳四海。道學碩士學位是神聖的，是通往牧職之途的必經之路，這是應該持守的。道學碩士課程的希伯來文和希臘文非常重要，亦應慎重考慮保留。我盼望獲頒道學碩士的牧者能憑藉聖經語言而得到洞見，從而準確地處理神的聖言。如此，在神的全球教會中，講道和教導便可保持強而有力。單有扎實的講道，並不足以帶領會眾成就神的心意；但若要以聖經教導來牧養會眾，

卻是不可或缺。鑒於聖經語言對講道十分重要，堅持將知識付諸實踐的專業模式或許仍有可取之處。在正道身上可見，只要仍有講員受訓，該模式就仍須存在。

正道鼓勵群體負責制，以保障零學債的神學教育

相對於其他神學院的學生，正道福音神學院的學生背負的學債最少。箇中的獨特因素，既來自正道的處境，亦來自更廣大的華人文化。一方面，學院的招生條件就要求神學生要獲得宗教群體的支持，學生簽證亦要求有穩定的財政狀況（或有能力支付費用）。目前，北美的神學院校相繼面臨財政危機、削減預算、搬遷校址、縮小辦學規模等情況。鼓勵群體支持以達致零學債的教育，似乎是可行之途。具體的實施方法，視乎院校如何闡述群體努力而達致零學債的益處和必要。在華人基督教文化的處境中，神學教育的必要開支從來都是一個群體共同承擔的責任。學生入讀神學院時（尤其是攻讀道學碩士），並非只是個人的事，而是整個堂會的事。鑒於這種文化和神學思維，學生接受神學教育時的財政支持就成為教會對神的屬靈奉獻，亦成為在神國度的投資。相反，西方個人主義盛行，神學生往往要需要自費，便常常在畢業時債台高築。其實，神學教育既是個人、自主、自我肯定，亦應該是群體支持、互助、互賴的。

另一間神學院一位的教授曾告訴我，每個學生都代表一間將來的教會。畢業生的數量，就反映將要為成就大使命而存在的堂會數量。也許，如此視神學教育為群體事務的方式，會說服西方考慮一種可持續的神學教育方案。打算投身為神工作的神學生不應在財政上苦苦掙扎——入讀神學院不只是個人的事，更是國度的事，值得被家人、教會和宗派群體尊重和支持。

正道締造語言多樣的神學教育

北美的神學院取錄許多不同種族的學生，但基本上只使用一種語言。但像正道這樣的華語神學院則取錄一個種族的學生，卻代表了多個文化和語言。按美國神學教育的宏大格局而言，英語在講、讀、寫都位居主導、備受推崇。學生衡量其學術能力時，是考慮其英語溝通能力。以英語為第二語言的人，必須仿傚美國的口音、用詞和寫法，藉以融入主流神學院校。如此，英語成為了融合的標準，新移民的學者或少數族裔的群體則因其英語能力而被邊緣化。若干有色人種的學者提倡揭露聖經的文化和性別歧見，從而使之去殖化（decolonize）。同樣，神學教育亦需揭露其文化及語言歧見，從而使教學語言去殖化。自巴別塔以來，人類的生態環境就已是多樣語言的。若多樣語言是壞事，神在五旬節就已將其剷除。然而，五旬節卻重新

肯定了多樣語言之美，從而重新肯定文化在理解神及其地上的工時，有一席之地。

神學院校必須學習接受一個現實：沒有任何語言可以代表所有語言，也沒有任何語言可以捕捉人類思想和人類文化之紛繁複雜。例如，「正道」的英文名是「Logos」，其希臘文是指「話語」。但在中文，「道」既是話語，亦是道路。如此，這名字便帶有道路的意象，是朝向神的道路。若我們將之翻譯，就勢必失真。所以，應該鼓勵教授以各種語言出版，而非一味注重英語出版。當教授團以其他語言出版時，他們的出版是貢獻於全球基督教和神的使命，因為這兩者畢竟包括所有民族和語言。此舉誠然對多元的學術和文化都作出貢獻。以英語為第二語言的學生，亦應該因其身份和語言之靈活多變而被重視。相對於英語地道的美國學生而言，有色人種的學生並非「二等公民」。在神終末的筵席上，各族各民都將說自己的語言，以神子民的身份一同坐席。院校可以透過開辦不同語言的課程（無論是中文、韓文、或西班牙文）參與神國，表明所有語言都可認識神和榮耀神。

正道在數碼世代栽培建立群體的身份認同

大體上來說，像許多亞洲文化、猶太文化、西班牙語裔文化一樣，華人文化亦圍繞家庭和群體；但西

方文化恰恰相反,重視獨立和個人。學習和塑造,除了在個人領域發生,也透過群體生活。因此,神學院校應該考慮採納群體生活,作為學生學習和塑造的媒介。若要如此,必須刻意為之,特別強調在學生之間建立關係。事奉是關乎人,所以學生若在群體處境中學習,必將有助培養其人際能力,從而在畢業後事奉更得力。

富勒神學院教授鮑辛格(Tod Bolsinger)在其關於領導的著作中曾言,轉化型的領導模式由三者共同構成:技術的能力(technical competence)、適應的潛力(adaptive capacity)、以及關係的親和力(relational congruence)。[9] 技術上,神學院或能有效地塑造學生掌握聖經研究和講道的技藝,但適應的潛力和關係的親和力卻更具挑戰。對於將來的神學教育而言,必須孕育群體的環境,讓學生既能獨自學習,亦可在與他人合作和相處時學習。畢竟,事奉是關乎人,並關乎引導他們成就神的旨意。

在線上平台,靈命塑造和品格塑造似乎形式有異。學生接受靈命塑造時,不再透過當面的互動,而是透過螢幕。我並非認為螢幕的互動無效,但這和全身、當面的互動不可同日而語。以時閾中的神學教育這個項目為例,我們也是在群體環境中完成的。兩年來,各成員們每年都會在美國不同的城市相約見面三次,

---

[9] Tod Bolsinger, *Canoeing the Mountains: Christian Leadership in Uncharted Territory* (Downers Grove, IL: IVP, 2015), 43.

大家作為一個群體而一同敬拜、禱告、分享、討論、團契交誼。如果大家只是線上見面，絕不可能締造我們現在的關係。線上平台有利有弊——這是我們在正道持續發現的事實。但我們確定，靈命塑造課程最好還是在加洲本部或芝加哥校區面授。鑒於現時完全線上的神學院學位方興未艾，加上諸如 2020 新冠疫情等威脅，正道恐怕亦快將加入這個行列。然而，學院領導層和教授團仍難以想像線上函授對靈命塑造的影響。因此，張力依舊存在。

正道修訂教育工具以教育散居及少數群體學生

在少數種族或族裔的學生和國際學生之中，許多都曾經歷各式各樣的種族歧視或偏見。若他們生活在主流文化中，情況就更普遍。有些學生會與主流群體或權威發生直接的口頭衝突，以宣洩對不公的滿腔憤怒；有些則壓抑自己的感受，在公眾場合保持沉默。母語並非英語的學生或會怯於公開發言，寧願保持沉默，以免被人嘲笑或鄙視。美國文化極為重視英語口語，並以此衡量才智和能力。按此標準，人若未能擁有美式英語（甚至若再挑剔的話，是某種特定的美式）就會被視為能力稍遜。事實上，英語「帶有口音」的人通常都能說多於一種語言的人——何以該受嘲笑？他們至少通曉雙語，並熟悉至少兩個文化。

此外，美國文化亦十分重視在群體中發聲。發聲代表有話可說，對群體有貢獻。就推進議程和討論而言，保持沉默的人彷如隱形，毫不相干。在線上課堂和線上會議中，尤其如此。另外，許多亞裔都繼承了榮辱文化。於是，若公開發言英語流利，自然臉上有光，但若英語不好或帶奇怪口音，就會蒙羞。為免蒙辱（自己或自己的族裔群體），有些學生就保持沉默。

根據上述文化因素，我將就教導少數種族、族裔和國際學生的教學方法，向神學教育工作者提出幾點建議。

減少開放而即興的集體討論（*"Popcorn-Style"*）

在西方，這種教學方法相當常見。導師拋出議題，讓一群人或全班一同討論。想發言的人可暢所欲言，不想發言的人則不必發言。這方法有其優點。在導師看來，是又文明又尊重，避免了單獨凸顯任何人，或使其感到窘迫，學生也可完全按照自己的自由意志而行使發言權。然而，對於英語並非母語，身為少數族裔，甚至純粹是膽小羞怯的學生而言，這種討論實在注定是災難。只有在所有參與者都感到舒適時，或在小組場合時，這種教學方法才能有效。但若多於四、五個人，少數族裔的學生就會感到太大壓力，從而令教學失效。他們可能因而蒙羞，而羞恥是大多數人都竭力避免的事。

採取多種溝通模式

如上文所述，西方文化特別重視「說」。這是主要的溝通方式，亦是衡量才智和能力的標準。少數族裔學生的母語並非英語，因此就非常不利。然而，導師可請所有學生寫下自己的問題或想法，甚至以相片、繪畫、圖片，或音樂形容自己的想法，從而讓少數族裔的學生得以參與。採納多種溝通模式，有助學生學習。這不限於面授，亦適用於線上函授。溝通不止口頭一途，寫、聽、畫、短訊、遊戲、玩耍，皆可學習。

分派具體職責和任務以賦能（empower）

在課室面對主流群體，少數族裔的學生時常感到無力。若導師想為他們賦能（empower），可以分派他們負責具體的職責和任務。例如，導師可指定他們在小組中負責協調——不是為了凸顯他們，而是為了在每組維持平衡。

我發現，在權力的平衡和認知上，這些教學方法都可促進平等。無論是對於主流學生抑或少數族裔，都能從中發展更好的跨文化能力。

結論

在時闕中的神學教育裡，必須以全球視野進行教學；這不只是一個選擇。散居神學院和少數族裔課程

正在冒起，少數族裔學生和國際學生亦不斷增多，神學教育工作者因而面對一個空前的未來。在本章中，我刻劃了正道福音神學院與其他神學院的共通與差異。同時，我也提出了七大對話要點，是正道這類院校可貢獻廣大神學界之處。在神學院校之間，這場對話仍未結束。對神學教育的方法而論，我希望這些對話能促進主流群體和少數族裔互相理解，從而熱情、自信、喜樂地攜手面對神學教育的多元未來。

在時闊中的神學教育裡，改變往往是迅雷不及掩耳。執筆兩年之間，越來越多神學院經歷領袖交棒、校址搬遷，以及線上課程的革新。凡此種種，都是院校在面對財政、社會、宗教變遷的應對之道。在神學教育的歷史上，我們今天所面對的局面前無古人。自新冠疫情以來，更是如此。在這關鍵時刻，我們必須探討面臨的挑戰，制定策略以應對神學教育的變幻格局，並帶著盼望繼續前行。

結語　作為河口的神學院校

在本書中，我分享了一個故事，我採取的是正道福音神學院的視角。該校是一間在美國的華語神學院，北美的主流歷史敘事和散居神學院的新浪潮在此交匯。在重新展望神學教育之將來時，我嘗試兼顧特殊性和普遍性。在 2019 年，正道迎來了卅週年校慶。為迎接未來，正道重鑄了自身的異象，並修改了自身的使命宣言。同時，正道並不孤單。面對神學教育的各種變化，所有神學院校都在調整。散居神學院和少數族裔課程不斷增加，所有神學院校在構思和進行神學教育時，都必須採用棄舊迎新。在探索時闕中之神學教育的系列叢書中，本書只是其中之一。在審視和反思神學教育時，我們將繼續採取不同的角度、觀點、社會位置出發。如此一來，必定會描繪一幅更大的圖畫。與此

同時，我們還必須開展進一步對話，並重新想像神學教育的將來。

我想以「河口」的形象作結。河口是大河的浪潮口，海水和淡水在此匯聚。在這空間，一條或多條河流在此形成部份封閉的水體。同時，這空間亦連於廣闊的海洋。因此，河口是一個閾限，是在河流和海洋之間的過渡區域，並因而同時受兩者影響。一方面，有鹹水湧入；另一方面，亦有淡水流入。如是者，河口養份充足，成為海洋世界裡最肥沃的自然生境。作為一間在美國的散居神學院，正道福音神學院就是一個河口，匯聚了世界各地的學生，在此一同學習，一同認識神，一同被塑造成為使命僕人。學生的文化和社會身份相當流動，學院亦因而成為一個生機盎然的華人群體。這裡不是一潭死水，而是四方八面都川流不息。在如此的信仰群體裡，時而匯聚，時而分流，時而融合，不斷推陳出新。

停留或暫駐於河口岸邊的人，知道自己的境況並非永久，此處亦非永恆的家鄉。他們知道，當他們由此地川流到世界各地時，是帶著更大的目標。他們在河口所吸收的，將伴隨他們，並祝福他人。時閾間的神學教育，正像河口。新舊浪潮在此互相碰撞、復又彼此相連，從而迸發新意。甚願這些從百川中冒起的新事，見證神在散居神學院中的不懈之工，以致我們同心在列邦中歌頌神的榮耀！為此，我們滿懷喜樂和盼望，邁向前程。

進深思考

1. 將來,像正道福音神學院這樣的院校應否繼續以華語教學?抑或應該考慮開設雙語課程,以培養學生的跨文化能力?試舉證以說明之。
2. 在散居神學院中,往往存在張力,掙扎應該鞏固特定的族裔或文化身份,抑或擁抱神國的全球視角。兩者之間應如何取得平衡呢?族裔是特殊的,福音是普遍的,神學教育可以如何兼顧兩者?
3. 神學院校若缺乏多元種族和多元族裔,有何得失利弊?這種缺乏又將如何影響堂會文化?

www.ingramcontent.com/pod-product-compliance
Lightning Source LLC
Chambersburg PA
CBHW021150080526
44588CB00008B/283